母親が知らないとヤバイ「男の子」の育て方

柳沢幸雄

PHP文庫

○本表紙図柄＝ロゼッタ・ストーン（大英博物館蔵）
○本表紙デザイン＋紋章＝上田晃郷

文庫版のためのまえがき

「母親にとって、思春期男子は宇宙人。この理解できない生き物をどう成長させるか」

と、男子・子育ての大命題を掲げ、その解答として、

「男子の『うるせぇ』は『ねぇ、母さん』と同義語」と発信した本書は、世の母親のみなさんに少なからずショックを与えたようです。

そしてありがたいことに、2017年から今に至るまで、私が想像する以上にたくさんの方々が本書を手にとってくださいました。「宇宙人」の解明に、少しはお役に立てたのではないかと思っています。

■男子の思春期は幼さからくるイライラの発露

母親にとって、思春期男子の子育ては、まさに〝未知との遭遇〟でしょう。

昨今の世の中は社会的には男女平等で、男性も家事をするし、女性も仕事を持ち、それぞれが活躍しつつ、協同しながら暮らすことが当然となりました。けれど、社会的には性差別はなくなっても、生物学的には男女の性差は厳然とあります。

女の子は言葉数が多く、自分の思いの丈を「同性の母親ならわかってくれるだろう」と、母親にぶつけてくることが多いのだと思います。ご自身も思い当たるかもしれません。

しかし、男子はどうでしょうか。自分の思っていることを表現する力も弱く、幼いのが一般的です。そのアンバランスさで母親に、自分でもわけのわからない感情を体ごとぶつけてくるのですから、ひとたまりもありません。

加えて、現代の思春期はスマートフォンというメディアを手に入れることによって、かつての牧歌的なティーンエイジャーとは様相（ようそう）を異にします。母親には覚えられないＳＮＳの操作もたやすくやってしまう息子。しかしながらその中身は太古の昔から変わらずやはり幼い。ますますバランスが悪く、母親はさらに翻弄（ほんろう）

されます。

思春期の体の変化を見ると、第二次性徴は女子のほうが2歳程度、早いと言われています。精神的にも女子のほうが大人びているのは、経験的にも感じるでしょう。

やはり、生物学的な成人の性差とは別の意味で思春期の性差に注目し、「男の子の子育て」「女の子の子育て」と分けて考えるほうが、子育ての謎の解明には近道のように思えます。

男子校には思春期男子のビッグデータがある

また、現代の子育てを難しくしているのは、身近に子育てデータが少ないことです。男子に特化して子育てを考えようにも、ひとりっ子の多いこの時代には、比べるべきほかの男子のデータが少ない。ご自身の経験をたどっても、今の悩みに対応する男子・子育ての解決策はなかなか見出せないと思います。

私は開成中学校・高等学校の校長を9年務め、まさに思春期真っただ中の男子を相手に日々を過ごしてきました。男子だけの環境下では、子どもたちはよりのびのびと男子らしさを全面に出して活動します。それを見ていると、なぜ彼らが思春期に母親から見れば宇宙人的な行動をするのかが、よくわかります。

　私もかつては開成中学・高校の生徒でしたし、自分の子どもも男子2人、男子の思春期とはどういう実態なのか、というデータはそろっています。そのビッグデータを解析し、母親には理解しがたい男子の心理や行動を、同じ男性目線で語ったのが本書です。

　残念ながら、思春期に入ると、母親があれこれと世話をやき、息子がそれを感謝するという、母子蜜月時代は終了を迎えます。「うるせぇ」と悪態をつく小生意気な中高生への変貌は、母親にとって耐えがたいことでしょう。しかし、これが男子の成長と自立の形です。大人への道を歩み始めた男子たちの門出を祝い、諦（あきら）めをもって送り出してやってください。それでも、男子たちは母親に、心の中で「ねぇ、母さん」とつぶやくのだ、ということも、本書をお読みいただければ理解できると思います。

男子とは、本当にやっかいで幼い生き物なのです。

■母親と息子の関係では、お互いに大人の時間が長いことが幸せ

この本が最初に刊行された2017年に読んでくださった方は、今、どうお子様に対面しているでしょうか。3年の間に達観(たっかん)され、息子さんとほどよい距離を取りながら見守る時間を持っているのであれば、この本の著者として幸いです。

3年たてばお子様も大きく成長されていることでしょうし、それに伴(ともな)い、お母様方も大きく羽ばたかれていることでしょう。

母親と息子の間柄は、お互いに大人である時間が長ければ長いほど幸せです。つまり、子どもが思春期に入ったら、母親は子どもを「大人に向かう未熟な生き物」と認め、大人になることを後押しし、早く大人にすべきなのです。そして、親はできるだけ長く元気でいる努力をし、要介護にならないように気をつける。そうすれば、子どもと対等でいられる大人同士の時間を長く持つことができます。

さあ、そのためにも、本書を文庫版でじっくりとお読みください。手軽な大きさになったことで、ハンドバッグに携（たずさ）え、いつでも取り出すことができるでしょう。そして、お母様方もまた羽ばたき、これまでと違う〝大人になりかけの思春期の男子〟と、成熟した一人の女性としての関係を楽しんでください。

2020年は、新型コロナウイルスの感染拡大、それに伴う休校、オンライン授業の始まりと、子どもたちにとって、受難の年になりました。お母様方も不安を感じていらっしゃることと思います。しかし、意外にも子どもたちは学習環境の変化も、この病気自体にも、腹を据えて受け止めているように見えます。「うちの子、勉強しなくて困る」と気をもむだけでなく、成長した息子さんのよい面をくみとり、この時代をどう生きていけばいいか、話し合うのもよいでしょう。

新しい親子関係の旅立ちを、私は心から祝福したいと考えています。

著者

はじめに

「最近、息子が、まったく口をきかなくなった」「あれこれ質問すると、めんどくさそうに『うるせぇ』と吠える」「わが子なのに、どう扱ったらいいかわからない」……。

　私は開成中学校・高等学校の校長を務めていますが、保護者会では、こんな言葉が飛び交います。ついこの間までなんでも母親に話していたのに、と寂しさを覚え、どうにかならないものかと、ため息をつきます。

　しかし、私は一人でほくそ笑みます。なぜなら昔も今も男の子が成長の過程でたどる道筋だからです。

「みんなよく成長した。さあ、学校生活を存分に楽しみなさい」

　小学校高学年から高校にかけて、時期や長さは人それぞれですが、ほとんどの子どもは、思春期を迎えます。この思春期が、親の悩みのタネです。

特に、男の子の思春期は、母親にとって未知の迷宮です。無口になる、怒鳴る、無視する。友達や部活の仲間が最優先で、何やらつるんで怪しげなことをやっている。急に性的なことに興味を持ち始めるのも、衝撃でしょう。

でも、これらのことには、すべて理由があります。その理由や本人の思いを理解せずに接すると、「うるせぇ」の一言を残し、部屋にこもる。それが思春期です。

開成中学校・高等学校は男子校です。東大進学者数の多さで語られることは多いのですが、思春期はどんな男の子にも訪れ、生徒たちも心を揺らします。親には想像もできないことをやらかし、特別な指導が必要になることもあります。

しかし、それは本人の大切な成長段階なのだということをわかった上で教育をしています。成長過程に自分たちと違いのある女子がいないという学校環境の中で、彼らの思春期の様相はますます顕著にあらわれますが、むしろこの環境を生かし、存分に思春期の思いと行動をぶつけられるようにと、願っています。そして、学校ではほとんどの生徒たちがのびのびと――失礼ながら親の呪縛から逃れて――、楽しそうに生活や勉強にいそしみます。

中学受験を駆け抜けて本校に入学する男子生徒に、私はいつも、入学式で心から「おめでとう」と言います。そして、会場に付き添ってきた母親たちには、はなむけの願いを込めてこう伝えます。

「保護者のみなさん、密着した子育てからのご卒業おめでとうございます。これからの育児でいちばん重要な項目は子離れです。ご自身の人生を楽しんでください」

男の子が思春期にさしかかったら、子育ては引き算です。これまでとやり方をガラリと変えて臨んでいただきたい。子ども扱いしすぎることが、親子の関係を悪化させます。

とはいえ、突き放して安心できるほど大人になりきれないのが、この時期の特徴です。どう手放してどう見守るか。その頃合いが、今後の息子さんの人生を決めます。たしかに、難しい。しかし、男子の心や体の成長を知れば、どう接したらいいかが、わかってきます。

本書では、その微妙な心理や体の成長も説明しながら、保護者のみなさんに思春期男子の扱い方をレクチャーします。正しく扱い、健(すこ)やかに成長させ、本人らしい未来に向かって走らせてあげてください。

開成中学校・高等学校校長

柳沢幸雄

2017年4月

母親が知らないとヤバイ「男の子」の育て方

目次

1章 親はワケがわからない！ 男の子の実態を理解しよう

2章 家庭で身につける！大切なルールを徹底させよう

3章 否定しない！ 子どもの「やる気スイッチ」を入れてあげる

4章 平均点を求めない！ 勉強、受験で親ができること

5章 心配しなくていい！ 学校生活、友達への目の配り方

6章 勇気を出す！ 親としての覚悟と役割をしっかりと持とう

7章　応援しよう！　社会で活躍できる自立した大人になるために

1章

親はワケがわからない！男の子の実態を理解しよう

「うるせぇ」にムカッときてはダメ。「うるせぇ」は「ねぇ、母さん」と同義語

▼大人が介入しない世界に飛び出す、男子の旅立ちの言葉▲

思春期になると、男の子は急に口数が少なくなります。何か話しかけても「うるせぇ」しか言わず、母親はムカッときて、また寂しい気持ちになることでしょう。

思春期男子が家族に発する会話には、「三語主義」「四語主義」があるというのが私の自説です。**三語主義は、「メシ、風呂、寝る」の三語のみ。四語主義は「メシ、風呂、寝る、うるせぇ」の四語で会話を済ませようとする**ことです。なぜこんなに短くなってしまうのか。男子は思春期になると、親が介入しない世界が楽しくなってくるからです。男だけで群れて遊ぶ世界、あるいは、部活の先輩・後輩で成り立つ世界。そこには、仲間内だけで通じ合える会話やルールがあ

ります。だからこそ楽しい。まさに「大人にはわからない楽しい世界」が生まれるのです。

　こういう世界が存在すること自体を、好意的に思わず、理解しない母親は多い。わからないから、的外れなことを言ったり、心配して「やめなさい」などと言う。それが「うるせぇ」わけです。理解してくれないのなら、口をききたくない、ということです。

「それなら、きちんと説明してくれればいいじゃない」と反論したくなるでしょう。いや、きっと息子は、一度は説明しているはずです。彼なりのつたない言葉で一生懸命に説明したのです。しかし、多くの場合、**母親は息子の言葉をさえぎるように、「なにそれ」と批判的に言う**。あるいは、「そんなことやって、学校からどう思われるか」などと、世間体を気にするようなことを言うのではないですか？　多くの男子は、この時点で貝のように口を閉ざしてしまいます。「もう母親になんかわかってもらわなくてもいい、めんどくせぇ、うるせぇ」となる。

「ちゃんとわかってほしい」と思う殊勝（しゅしょう）な子なら、母親のコメントに我慢しながら、自分の周囲の人間関係、母親が知らない自分の好みや空間などを、なんとか説明しようとするでしょう。わからない人に辛抱強くわかるまで伝えるのは、大変なことです。仲間内ならあっという間に理解し合える内容を、一から十まで説明しなければならない。一生懸命に言葉を尽くそうと努力しているのに、思うように自分を理解してくれない。自分なりにちゃんと伝えたつもりなのに、最後にまた批判される。

そうなったら、やはり、もう話す気になれないでしょう。

そもそも男の子は、息子の何もかもを知ろうとする母親が「うるせぇ」のです。母親に知られたくない、介入してほしくないことがたくさんあるのに、知ろうとするのが「無理！」。根掘り葉掘り聞かれること自体に、うんざりします。

■本当は、心の底で母親を頼っている

しかし、「うるせぇ」と言いながら、まったく母親を無視し、頼っていないわけではないのです。思春期を迎え、母親の庇護から離れようとし、母親の知らな

い世界に羽ばたいていこうとするのですが、そこには見知らぬ荒野が待っています。新しい人間関係や環境に緊張が高まり、自分一人で乗り越えていけるかどうか、自信がないのが本心です。

だから、「うるせぇ、黙ってろ」と言い放ちながら、その言葉の背後に「本当は、不安でたまらないんだよ、母さん」と、心の中で付け加えているのです。乱暴に言えば、「うるせぇ」は、「ねぇ、母さん」と同義語です。

母親側から見れば、「そんな理不尽なこと！」となるでしょう。でも、思春期の男子は、理不尽のかたまりです。親への反抗心と、親に頼りたい気持ちが一緒になり、はなはだ失礼な言動を重ねます。混乱のときなのです。そんな混乱している自分をどうしていいのか、うまく対処できないのです。

だから、**「うるせぇ」と言っているうちは、まだ少し自分を頼りにしていると解釈し、生意気な息子を受け入れてあげてください**。それぐらいの気持ちで接したほうが、息子は母親に対して好意を持つはずで、いい距離も保てます。「うるせぇ」と言う息子をつかまえて、さらにガミガミ言うと、完全に口を閉ざします。

子どもが離れていこうとするときには、親は追いかけないことです。逆に、少し離れて静観してください。危なっかしくて見ていられないと思っても、そこはぐっとこらえてただ見つめるしかないのです。

そうしているうちに、息子は少しずつ成長し、「メシ、風呂、寝る、うるせぇ」のほかに、もう一語、「ありがとう」が加わるときがきます。「五語主義」になったら、男子の成長も反抗も一段落だと考えていいでしょう。

POINT!

一人で新しい世界に立ち向かうときの不安が「うるせぇ」になる。不安なく歩んでいけるようになれば、「ありがとう」の言葉も出る。

男の子は「小学4年後半」「中学3年」「高校卒業」で驚くほど成長する

▼ガラリと変わる瞬間は「大きな成長のスタート」と喜ぼう▲

男の子の変わる時期は、幼児期、初等教育（小学校）、中等教育（中学・高校）、高等教育（大学、高等専門学校、専門学校）という教育の節目とちょうど重なります。

未就学の幼児期は、親からの影響を大きく受けます。子どもも親が大好きで、親のそばにいたいと願う時期です。

初等教育の時期になると、先生から受ける影響が大きくなります。小学校で知らないことを先生から次々に教えてもらい、親以外の大人を尊敬するようになる時期です。また、学校生活の中で優秀な友達に触れ、「あいつはすごい」と感銘して、友達に影響を受ける機会も多くなります。中等教育になると、先生からの影響は多少ありますが、いちばん影響を受けるのは友人や先輩で、ここで親の影響は非常に小さくなります。

そして、高等教育になると、生活の中での判断や将来に対する決断に関しては、親など目上の人からの影響はさらに小さくなります。年齢の近い周囲の人たちからの情報を集め、自分で決めていくのです。社会人になれば先生はいなくなり、周囲の人からは大きな影響を、親からは少しの影響を受けます。子どもの成長では当たり前のことで、このように段階を踏んで親の影響は小さくなっていかねばなりません。

私が校長を務めた開成中学・高校の生徒にも、「**友達や先輩、後輩から受ける影響を大事にしなさい。10年たって社会人になったら、もう先生はいない。親離れも意識しなさい**。入社式に親を同伴するような新入社員は、周囲にとって非常に迷惑なのだ」と伝えていました。

それぞれの時期は、女性を意識する時期とも重なります。小学校4年生の後半くらいから、男女一緒に遊ぶことが少なくなります。中学校3年生は、女性と付き合いたいと切実に願い、高校を卒業すれば、実際にたくさんの女性と知り合い、恋愛に発展する頃です。母親は驚き悲しむかもしれませんが、子どもが一人の人間として、男として成長する時期と捉え、見守ることが肝心です。

POINT!

男の子が変わるのは、女性を意識する時期と重なる。家族よりも関心のある存在が見えてきたときが、男の子の変化の時期である。

「母親を毛嫌いする」のは男の子の本能。〝疑似恋愛〟を卒業して子離れしよう

▼近親相姦を防ぎ、種が繁栄するために、異性の親をシャットアウト▲

男の子が母親と話さなくなるのは、自分の世界を母親に理解させるのが面倒だからだ、という話をしました。しかしもうひとつ、人類の根本的な、そして無意識的な習性として、**「ヒトは、第二次性徴を迎えたら、異性の親とは本能的に離れていく傾向がある」**ことに注目すべきです。

現在生存する人類は、異性の親と相容れないことで生き残ってきたと言っても過言ではありません。初潮や精通を迎えてから異性の親と親密になりすぎると、近親相姦が起きることがあります。すると、遺伝子に異常を抱えた子孫が誕生する可能性があり、近親相姦を避けなかったグループは進化の過程で淘汰されてきたのだと思います。

女の子は小学校高学年になると、父親のことを「臭くてダサくていやだ」と感じます。「お父さんの下着を入れた洗濯機で私の下着を洗わないで！」と言うこともあります。毛嫌いすることで離れていき、近親相姦を防ぎます。

それと同様に、思春期の男子は、女親を嫌います。離れていくのは、生物学的に見れば当然です。むしろ、近親相姦を毛嫌いしない子どもは、問題です。思春期は女の子より男の子のほうが一般的に性欲が強いので、年齢の差が大きくても、母親と性的関係を持つことがまったくないとは言い切れません。

息子から毛嫌いされるのは、母親からしてみれば、残念なことです。が、小学校高学年のときのご自身を思い出してください。その頃には、自分の父親と入浴する習慣を断ち切ったはずです。何かルールで決めたわけでもない。誰も言い出さないけれど、子どものほうからなんとなく、「もう一緒に入りたくない」と思ったのです。

この「なんとなく」が、親離れの本能としてプログラムされているのです。このような本能を持ったグループが、長い進化の過程で生き残ったのだと思います。

しかし、**子どもには「親離れの本能」があっても、親には子離れの本能がありません。だから、親離れする子どもを見て、親は寂しい、悲しいと思うのです。**

子離れのシステムは、人間以外の動物には、あまり必要がありません。多くの動物は、生殖活動をするとひとつ仕事を終え、死に向かっていく傾向がありま す。つまり、子どもが成長し、子どもに生殖機能が備わった頃には、親は死んでいる。だから、子離れをする必要がなかったのです。しかし、人間は長生きで、子どもが成長しても、まだまだ生きていて、子どもの動向が気になります。ここに、人間の生物学的子離れの問題があります。

小さい頃の息子は、母親を慕い、100%信頼して身をゆだねます。それがかわいくてしかたがない、というのが母親の心理です。少し大きくなっても、息子の好みの食事を作って出す、学校で破いてきた服をていねいにつくろう、病気のときは心を痛めて寝ないで看病する。息子も母親の献身的な世話に感謝する。親としての存在感をたっぷり味わえ、ある種、疑似恋愛でもあります。

ところが、**思春期になると、その疑似恋愛が重く感じられるのです。羽ばたこうとするのに羽ばたかせてくれない**。だから「ウザイ」と突っぱね、そばに来ないでくれとばかりに扱う。母親としては、本当につらいでしょう。身の置きどころがなく、孤独を感じると思います。しかしこれが生物の本能です。

■中学合格おめでとう、子育て卒業おめでとう

中学生になったら、子どもたちにとって、母親との疑似恋愛もそろそろおしまいです。子どもたちを広い世界に手放してやらねばなりません。

開成中学では、合格者説明会で生徒たちには「合格おめでとう」と言います。お母様方には、「さあ、密着した子育てはもう終わりました。ご卒業おめでとうございます」と言います。

時には冗談めかして、「みなさま、これまでは受験のために、お子さんとともに本当に努力されました。ご苦労様でした。しかし、もう受験は終わりました。子どもたちを手放して、お母様方はご主人のところにお帰りください」と言うこ

ともあります。すると、スーッとみなさん引きますが……。

開成のようなほかの男子の中高一貫校の校長先生たちとの会合でも、密着した子育てが話題になり、お母様方に卒業をお願いしている、という話になります。男子が男子として生きていくためには、これは必然だ、という話で合意します。

子どもたちは、中学生になると「子ども」という生物から「大人に近づいていく少年」という生物になります。その羽ばたきを喜べる母親になっていただきたいと思います。

POINT!

中学生になったら、子どもとの疑似恋愛は卒業する。密着した子育てを続けていると、子どもは重荷に感じてますます離れていく。

「モヤモヤした怒り」が爆発！子どもの心の中は不安でいっぱい

▼痛いところを突かれて不安になっているから、爆発したくなる▲

親とのちょっとした会話や、学校でのおもしろくない出来事がきっかけで、男の子は怒りまくることがあります。時にはその怒りが激しく、大声を上げ、コブシを振り上げて壁や冷蔵庫をボコボコにすることさえあります。怒りに任せて乱暴をする姿を見ると、母親は、幼い頃の笑顔の息子を思い出して、悲しくなるでしょう。

このような行為が多いのは、中学生から高校生の時期に重なります。ティーンエイジャーは、反抗することを、怒りのジェスチュアで表現することが多いのです。あくまでジェスチュアのつもりなのですが、体が大きくなってきたこともあり、ちょっとコブシを壁に当てたら壁に穴が空くことがままあるということです。

この「壁を壊した」という行為だけを取り上げて、ショックを受けたり怒ったりしないでください。意外に本人も、「ヤベェ、ちょっと怒りを表したつもりなのに、穴が空いちゃったよ！」と、心の中で焦っていることが多いはずです。

そこを「穴が空いちゃったじゃない、どうしてくれるのよ！」などと母親が言おうものなら、また怒りを露わにしてきます。なぜなら、**怒りは不安の裏返しだからです。不安の根が心の中にあり、暴れているわけです**。不安が解決できていないのに、暴れて壊したことを指摘されると、また不安になって暴れます。

まずは、怒りの根がどこにあるのか、探りましょう。そして、息子が持て余しているモヤモヤとした怒りを、母親なりに受け止めてください。「苦しそうだね」と一言かけるだけでいいのです。そして、時を改めて、さりげなく学校での様子や最近のイライラの理由の発端を聞いてみるのが賢明です。

しかし、度を越して乱暴な場合や、あまりにも短期間にキレるという場合は、カウンセラーなど専門家に不安の根を引き出してもらい、心の問題の解決を図りましょう。母親が一人で悩み苦しむ必要はありません。人の手を借りることも大切です。

POINT!

怒りは不安の裏返し。「苦しそうだね」と親はその気持ちを受け止め、不安の原因を時間をかけて引き出すとよい。

中高生男子の頭の中は〝性のこと〟でいっぱい。「どこで知り合ったか」だけ注意しておく

▼男の子の性欲は、自分の意識や知恵ではコントロール不可能▲

小学校低学年の頃に、クラスの女の子に初恋をする息子のことは「かわいい」と思えても、高学年以降、性的な欲求があることを息子に感じるとき、母親は大きく動揺します。これまでかわいらしかった息子が、別の生き物になったような気がして、失望すら感じるかもしれません。

男性が女性を意識する動機は二つあります。ひとつは、女性に恋心を抱いて、なんとかお付き合いしたいとき。もうひとつは精液がたまってきて、それを出したいと思うときです。まあ、出したいと思ったらいつも女性に近づくわけではなく、結局は自分なりに処理してしまうことになりますが。

しかし、この二つは必ずしも同時には起こりません。恋心とは関係なく、女性

に性欲を抱いて、「この人とセックスしたい」と思うのは男性の特徴であり、それは息子も同様だと思っていいでしょう。しかも、その性欲は、自分の意識とか知恵でコントロールするにはまだ未熟ですから、本人も「扱いかねる」というのが正しい言い方かもしれません。こうした失望感を、学校の懇談会で訴える母親もいます。私はそれに対してこう言います。「お母さんだって、結婚して息子さんを産んだんですから。息子さんが、大人として子どもを作る前段階にきたというのは、当たり前のことでしょう」と。

ただ、**息子に精通があると感じたら、母親として、少し観察力を鋭くすべきです**。性に興味を持ってそればかりに翻弄されると、勉強も何も手につかなくなることがあります。

中高生男子の頭の中は、性への思いでいっぱいなわけですが、やるべき勉強や部活はしっかりやらないといけません。好きな女の子ができて、性的興味を満たすチャンスとばかりに、しょっちゅうその子と遅い時間まで会っていないか。好きか好きでないかは別として、女性と知り合い、性欲を満たす行動に夢中になっていないか。

中高生ですから、場合によっては補導されることもあります。遅い時間まで繁華街をさまようようなことは絶対に避けさせてください。また、性欲を満たしたいために、SNSなどを使って女性と知り合い、お金などがからんだ関係になっていないかにも注意しなくてはなりません。息子の行動に不自然さを感じるときは、特に気をつけるべきです。中学生以上なら、行動力もついてくるので、大事に至らないよう、よく観察します。

■年上の女性は知識欲を満たす存在

中学生から高校生にかけては、息子に親密なガールフレンドができたと知ることがあるかもしれません。そういう相手ができること自体、驚くかもしれませんが、年齢的に考えても、ごく自然なことです。

ただそれが、同級生や、部活などで知り合う他校の女子学生なら、母親としても理解を示せるでしょう。しかし、何歳も年上の女性だったら、愕然とします。

この年頃なら、年上の女性と付き合いたいと思うのは、よくあることです。男性にとって、年上の女性は、ある種、憧れの存在です。自分より人生経験が豊かなので、知識欲を満たしてくれます。知らないことが既知の事実に変わっていくことが楽しいのです。それが、性体験とつながれば、さらに夢中になることが考えられます。

■「どこで知り合ったか」が重要ポイント

いろいろと聞きたいことはあるでしょうが、あまり問い詰め、反対しないことです。この年頃では、反対されるとますます恋愛に燃えます。心中穏やかでなくても、さらりと受け止めているように見せるほうが得策です。

ひとつだけ聞くなら、「どこで知り合ったか」をさりげなく尋ねてみます。学校とはまったく関係のない場所なら、少し注意して見るべきです。本人の機嫌がいいときを見計らい、知り合った動機などもプラスして聞いてみます。健全な場所で知り合ったのなら、ホッと一息です。ＳＮＳで知った、繁華街で知り合ったという場合なら、要注意です。

いずれにしても、**中高生のうちは、付き合う女性を一度家に連れてくるよう、促します**。連れてこられないような女性なら、そもそも付き合うこと自体に親として難色を示すべきです。親のお金で学校に行き、ご飯を食べているのだから、ここぞというときには、親の言うことをきかせなければなりません。会ってみて安心できる女性なら、そのまま付き合いを静観します。そうでなければ、きちんと理由づけをして、親としての考えを伝えます。ここは正念場です。ひるまず徹底してください。

POINT!

遅い時間まで繁華街をさまよっていないか。SNSなどを使って女性と知り合っていないか。息子の行動に不自然さを感じたときは要注意。

「学校が決めた校則」だから反抗する。家庭では子ども自身にルールを作らせる

▼与えられた法を守るのか、自分たちで法を作るのか▲

集団を運営するにはルールが必要です。学校の場合は校則がそれにあたります。校則とは、一般的には学校側が決めたルールで、校則の存在は、遵法(じゅんぽう)精神を養うことを目的としています。思春期においては、学校側が決めたルールを守ることを課せられた時点で、破ることを考える子が多いもの。つまり、校則は、「反抗すべきもの」の象徴です。

しかし一方で、非常に校則がゆるい学校があります。丸刈りで詰襟で携帯電話・スマホ持参禁止、という学校に対し、私服で髪を染めるのもピアスもＯＫという学校。開成も制服はありますが、校則は非常に少ないです。「こんなにゆるいから規則が守れるのだ」と考えるかもしれません。しかし、そうではありませ

ん。

開成では、自治が行われています。自分たちで規則を作って守る。活動を円滑にするために、どんなことを生徒全員で規則にしたらいいかを考え、合議し、決定する。教師は介入しません。自分たちで作ったルールなので、よく守るのです。

学校側としては、学校が作ったルールに従ってもらうほうが簡単です。生徒会を作り、ルール作りを任せ、見守るのは手間も時間もかかる。しかし、一度自治による校則が確立すれば、破られることが少ない。自分たちで決めたルールなのだから、当然です。そして、ルールがあることで、組織は発展する。手間はかかっても結果は優れたものになります。

ただ、校則については、それぞれの学校の考え方があるので、決められたルールに議論をさしはさむことは難しいかもしれません。

しかし、家庭でのルール作りは自由にできます。**ゲームばかりしている息子に対し、「○時以降は禁止」と親が決めるのではなく、本人にルール作りをさせま**

しょう。かなりゆるいと思っても、親は納得ずくで受け入れます。そのかわり、破ることは断固許さないという姿勢を貫きます。家庭に自治を取り入れ、自律的に行動するくせをつける。そうすれば、法を守るということの大切さが身に染みるはずです。

POINT!

家庭に自治を取り入れ、自前のルールを作る。親はルール作りには口をはさまず、違反したら断固許さない姿勢を貫くべき。

部屋で〝エロ本〟を見つけても叱らない。「見たわよ」のメッセージだけ残す

▼エロ本は「わからない」を解決してくれる貴重な性の情報源▲

女子生徒は、小学生のときから家庭で月経周期について教わることが多く、修学旅行時には学校からもある程度の指導があります。けれど、男子生徒の場合は、精通についての詳しい説明や教育などは、家庭でも学校でもなかなかできません。

ゆえに、男の子の場合、はじめて精通があったときなど、事前情報がなく、うろたえます。夢精が起きてしまった朝などは、わけがわからず、不安になるでしょう。

昔は、「若衆宿（わかしゅやど）」といって、リーダー格のメンバーが後輩に性を教え、実際に女性との交際を促す場がありました。

けれど、学校教育が普及した今日では、そうした土俗的な教育組織から性を教わるような機会がなくなりました。かといって、学校教育の中で性を教えるということはほとんどなく、男子生徒たちは、性の教育から取り残されています。

思春期男子が性について知ろうとするなら、エロ本をあさるのが、常套手段。そこには性の情報が事細かに書かれ、「わからない」を解決してくれます。もちろん、好みの女性のグラビア鑑賞もできるわけです。

母親は、息子の部屋でエロ本を見つけたときに仰天します。けれど、ここはひとつ**「性の情報を得るツール」「性の問題解決をしてくれる情報源」だと思って、目をつぶってください**。最近は、インターネットを通じて性の情報を得ることができますが、紙媒体でグラビアの女性を眺めるのは、それ相応の二次元的な楽しみもあるわけです。お小遣いの中からようやく買ったものでもありますから、本人に黙って捨てるようなことはしないように。

ただ、「見たわよ」というメッセージを黙って残す、という粋な行動はアリです。乱雑に積み重ねられたエロ本をきれいにそろえておくなど、無言でかつ、できるだけさりげないメッセージを伝えるのがよい。ガミガミ叱る、質問攻めにするなど、無粋（ぶすい）な行動をすれば、男の子はますます口を閉ざし、エロ本の世界に没頭するものです。

ただし、エロ本・エロ動画の世界には間違った知識、大げさな表現が多く含まれている場合もあるので、それをそのまま受け入れるのは危険だということも覚えておいてほしいと思います。

POINT!

男子生徒は性教育から取り残されている。エロ本やエロ動画が、現代社会での性の指南書になることも。ただし、鵜呑（うの）みにするのは危険。

2章

家庭で身につける！大切なルールを徹底させよう

「地震・雷・火事・親父」。〝親父の命令〟は絶対に避けられない

▼他人の家はどうであれ、わが家のルールに子どもは従わねばならない▲

たとえば、友達のA君の家の門限は10時、わが家の門限は9時。なぜA君の家と自分の家は違うのか、9時にする意味があるのか――。かつてみなさんにも思春期の頃、そう言って親御さんに詰め寄った経験があるでしょう。

そんなとき、親御さんは、子どもが納得する理由を伝えられなかったのではないでしょうか。家のルールには理由などない場合が多いのです。父親が独断で決めることが多く、子どもにとっては非常に理不尽に感じるはずです。しかし、**家のルールは、ルールです**。

「地震・雷・火事・親父」という言葉を聞いたことがあると思います。実は、最後の「親父」は本来、「大嵐（おおやじ）」だったという説があります。どれも怖

い災害だという意味です。それが、言いやすさから、「大嵐」が「親父」になった、というわけです。しかし、この「親父」がポイントだと、私は思っています。

これらはすべて、**避けようと思っても避けられない災害。しかも、怖いものだと認識せよ**、ということです。昔の「親父」は頑固で、どうにも説得できないものでした。理不尽な怒りの嵐を巻き起こしたり、それがいつやってくるかわからないので、なおさら怖い存在でした。母親にも子どもたちにも、コントロールできません。

一方で、親父は、多くの場合、家庭の大黒柱です。大黒柱が、家計を支えているわけです。子どもたちは、この大黒柱に支えられ、保護されて生きているということを、忘れてはいけません。

もし、思春期男子から見て、親父が情けなく思えても、毎日仕事をし、給料なり報酬なりを家に運んできて、それでご飯が食べられ、学費も払えて学校にも行けるのです。

支えられた家計の中で保護されている自分を感じる機会は少ないでしょうが、事実、保護されて生きています。

だから、怖い災害のような存在の父親であっても、父親の決めたルールに従わなければならない。理不尽だと感じても、それは仕方がない。

もちろん、説得したり話し合ったりすることは必要ですが、その上で、やはり「従いなさい」と親父が言うのであれば、子どもは従うしかありません。

自分が経済的に恵まれていることを実感させる

開成で「地震・雷・火事・親父」の話をしたあとに、世界の貧困の話をしました。実際に戦災孤児が靴磨きをしている写真を見せたときには、生徒たちの背筋が伸びました。自分と同じ年頃の子どもたちが、靴磨きで生計を立てようともがいているその姿に、ショックを受けていました。やはり、今の生活は親に支えられているのだ、ということを感じずにはいられない写真だったのでしょう。

実際、世界銀行が設定する国際貧困ラインである一日1ドル90セント未満で生活している人は、２０１５年には世界で約7億人と言われています。減少の努力をしても、この数字です。

一方、日本の生活費を見てみましょう。総務省「家計調査」のデータによると、平成24年の勤労者世帯のうち二人以上の世帯（平均世帯人員3・42人、世帯主の平均年齢47・8歳）の消費支出は1カ月平均31万３８７４円です。これを一人分の一日の生活費で計算すると３０５９円。1ドル90セントを２００円で計算すると、15倍以上になります。どれだけふんだんにお金が使えるのか、考えてみてください。

こういう自由を享受しておいて、家のルールに「自由がない」と文句を言うのは、いかがなものかと考えるべきです。

親は子どもに面と向かって「食わせてやっているんだ」「親が稼いでいるから学校に通えるんだ」と言っていいのです。特に日本では、お金のことを子どもに言うのはよくないと考える風潮があり、子どもに親の苦労を見せません。

だから、子どもはＡＴＭに行けば、自然とお金がジャラジャラ落ちてくると思っている。その陰で、汗水たらして働いている親の姿が想像できていません。

年収の多寡など気にする必要はありません。とにかく**親が一生懸命に働いて稼いだお金で子どもたちは生きている**のだということを、子どもたちにきちんと理解させましょう。

逆に言えば、もしも、子どもが経済的に自立しているのなら、そのようなルールにまるっきり従わなくてもいいのです。

お金は自分の自由に使えばいい。自立という責任を果たすことが、自由を受け取れる資格になることを、今から理解させておきましょう。

POINT!

親は子どもに「食わせてやっている」と面と向かって言っていい。親の決めたルールがほかの家と違っていても、文句を言わせせない。

親子の会話量は「親1：子ども2」「楽しそうだね」と肯定して相槌をうつ

▼親がしゃべりすぎると子どもは発言の余地がなく、ますます無口に▲

子どもに意見を求めるとき、母親がまくしたてて、「どうなの？　どうなの？」と聞く場合が多いように感じます。しかし、子どもが頭の中で言葉を選び、その言葉にかぶせるようにまた親がしゃべってしまったら、もう子どもは考えることもしなくなります。10歳の子どもは日本語に10年間しか触れていません。10年間くらい英語を学んだ母親が英語で話をする状況を想像してください。流暢に、流れるように話すことができますか？

私は、「親子の会話量は1対2が原則」と説明します。親のしゃべる量は半分以下でいい。しかし、大人のほうが圧倒的に経験的な提案や語彙が豊富です。子どもは高校生であっても、親の会話力に太刀打ちできません。つい親はまくしたてしまいます。すると、思春期男子は苦々しく思い、貝のように口を閉ざしてしまいがちです。子どもには、家庭でもいろいろと語らせたほうがいい。自分の考えをまとめるためには、言葉にして口に出すことが大切です。家庭でできるこれ以上の勉強法はないとさえ考えています。黙っていては、考えがまとまらない。すると、この先自分で決断しなければならないときに、子どもが困ってしまいます。だからこそ、**親は、子どもがしゃべるのを待ち、発言させることが大切です**。

しかし、子どもが大人の2倍しゃべるのを、ただ待っていてもかないません。母親は、質問役、相槌役に徹してください。質問は詰問にならないように、やわらかくさりげなく。「文化祭では、どんな出し物をやるんだっけ？　この間、父母会のときに先生に聞いたけど、忘れちゃって」などと聞いてみてください。何らかの答えが返ってきたら、「へぇ、そうなんだ」と、子どもの言葉に興味を持ってください。「それはみんなで手作りするの？」など、子どもが答えやすい質問でつないでいきます。意見をさしはさむときは、「それは、楽しそうだねぇ」と肯定しましょう。「危ないわよ、それ」などと否定的な言葉を使うことはできるだけ避けます。

親の言葉が少なく、かつその言葉に肯定を感じるなら、子どもは話すことが楽しくなるはずです。「自然に聞き出すこと」「引き出すこと」が親の務めだと考えましょう。

POINT!

軽い質問を短く投げかけ、子どもが発言するのを待つ。この姿勢が、子どもに話しやすい雰囲気を感じさせる。

「お小遣いは月極め」にして、口を出さない。自己管理能力を育てるチャンス

▼将来のマネーマネジメントにもつながる大事な経験になるはず▲

お金の教育はとても大事です。アメリカでは、小さい頃から家の手伝いをして、報酬をもらいます。労働に対する対価としてのお小遣いを与えて、お金を得ることの大変さ、ありがたさを実感させるわけです。

日本には、「お駄賃」といういい言葉がありますが、最近はなかなか子どもに働かせるという習慣を持てない人が多いので、それならお小遣いを月極めにして、**1カ月のやりくりを学ばせる方法がいいと考えます**。月にいくら、と決めて、その金額の中で買いたい物を買い、お金がなくなりそうなら我慢する。お小遣い以上の金額を使いたいなら、計画的に余らせて貯金し、欲しい物を買うこともできます。お金を通して自主性を育て、自己管理を学ぶこともできます。

家庭によっては、「月のお小遣いの額は決めていない。必要になったら必要な分だけ渡す」という方針もあるようですが、これだと、決まった額でやりくりする自己管理能力は養われません。小学校高学年ぐらいになったら、月極めにして、自分の裁量でお金を使う経験を積むことが大事です。

その際には、あまり厳しく指導したり、親が使い道に介入しすぎたりするのは避けたいもの。自主性、自己管理という面でも、あまり口出しはしないほうがいい。たとえ、**親から見てもったいない使い方だと思っても、子どもにとっては、そのときいちばん価値のある使い方であるわけです**。

お金を使うことは、誰にとっても喜びです。ゲームソフトを買うなど、大人にとっては好ましくないものでも、とりあえず黙って見ていましょう。自分で買ったものは大事にするでしょうし、買ったソフトを十分に使いこなしたら、将来、デジタル時代を乗り越えていけるような基礎力がつくかもしれません。ゲームが悪い、と決めつけないほうがいい。お小遣いのやりくりを通して、上手な自己管理も学べるはずです。

もし、お小遣いがとことん足りなくなり、にっちもさっちもいかなくなるようなら、そこではじめて親が介入します。ペナルティとして、自分が何にどれだけ使ったか、書き出すことを促しましょう。それを見れば、使い方について改めて反省できます。喜びと我慢の優先順位を自分でつけることを学ぶいいチャンスです。

お小遣い帳をつけることは、大いにすすめたいですね。お小遣い帳をつけることで、マネーマネジメント力も身につきます。

■祖父母のお年玉とお盆玉の額はあらかじめ相談

大人がいちばん気をつけたいのは、臨時収入を極力与えないことです。1カ月のお小遣いを決めたら、それだけ。足りなくなっても補塡(ほてん)しません。それをルールとして、自己管理させましょう。「追加は一切なし」のルールが大切です。

ところが、そのルールを台無しにしてしまうものがあります。アメリカで育った子どもが日本に来て驚くのは、お年玉の習慣だそうです。普段のお小遣いの10

倍ものお金を一気にもらうなど、信じられないと言います。そんなにたくさんもらったら、日ごろのお小遣いでいくらマネーマネジメント力を植え付けようと思っても、お年玉で簡単に補填できてしまうのだから、意味がなくなります。

また、祖父母の家に遊びに行く夏休みにもお小遣いをもらえることが多い。つまり、子どもはお年玉のほかに「お盆玉」ももらっていることになります。

かわいい孫のためにお小遣いをあげたいという祖父母の気持ちは受け取るにしても、高額なお小遣いは受け取れないことを伝えましょう。あらかじめ、いくらぐらい、という金額を決めておき、守ってもらうようにするといいでしょう。また、多すぎるお小遣いは、子どもと相談をして、親が普段のお小遣いと分けて貯金をしておき、大きな買い物をするときに使うなど、約束しておくのもいい。

もうひとつ、**親がやってはいけないお金の与え方があります。それは、インセンティブとして与えることです。**テストの点数が○○点以上だったらご褒美にお金をあげる、成績表の評価が上がったらお金をあげる、というやり方です。

労働してもらうお金は、一生懸命にやることに対しての報酬ですが、こうしたインセンティブは、自主性を失わせます。勉強をするのは本来自分のためなのに、母親のため、お金のために勉強をすることになる。目的意識を歪ませます。お金の与え方ひとつで、その子を成長させることも、歪ませてしまうことにもなる。親も日ごろの自分のお金の使い方が妥当かどうか、自問しながら子どもにお小遣いをあげるようにしましょう。

POINT!

お小遣いの金額を決めたら、一切補塡しない。お年玉などの臨時収入は子どもと相談の上、親が貯金をしておくのもいい。

「勉強しなさい」の口癖はやめる。〝家庭での役割〟を決めて生きる力をつける

▼勉強は学校や塾に任せる。家庭教育は「生活人」を育てること▲

親は子どもに、口癖のように「勉強しなさい」と言います。また、勉強をしていれば、家で何もしなくても文句を言わず、勉強だけに専念させたい親は多いものです。

しかし、これは家庭教育として間違っています。勉強だけしていればいいわけではない。**子どもを家庭の「お客さん」にしてはダメです。子どもは子どもとして、家庭の中での役割が必要。**受験のいちばん忙しい時期を除けば、毎日の暮らしの中で、何らかの役目を持たせ、継続させ、家族という集団の一員であるという自覚を持たせるべきです。難しいことである必要はありません。毎日新聞を取ってくる、というようなことでもいい。本人が続けられることを続けさせます。

お金の心配も何もない、身の回りのことも母親がやってくれて心配ない、好きなことをやっていればいいんだ、などと子どもに勘違いさせてはいけない。あるいは、勉強しさえすれば大人は文句を言わない、という間違いを植え付けるようなことをすると、決していい結果をもたらしません。

勉強も、学生であるなら、学生という役割の中で、ある程度はやるべきことです。予習復習も自律的にやれればそれに越したことはない。しかし、長時間勉強できるかどうかは、本人の資質にもよります。

宿題以外はやる気配がない、というのなら、無理に学生としての役割を増やすより、家庭人としての役割を持たせればいいのです。たとえば、「朝ご飯の支度を手伝う」など。

「生きる力」をつけるという目的の中で、勉強はそのうちの一要素でしかありません。特に、家庭の中では勉強の要素は非常に小さいはずです。

勉強は、学校に任せればいい。学校は勉強がメインの場です。家庭では、勉強時間の少ない子どもにさらに勉強をさせようと考えず、勉強以外の「生きるために必要なこと」をさせて、人間としての力を増すことのほうがずっと大事だと、私は考えます。

POINT!

勉強が嫌いなら、家の手伝いをさせる。「勉強しさえすればいい」などと親が考えると、子どもの「生きる力」が減少する。

「子どものプライバシー」に遠慮しない。携帯電話・スマホのキーロックは親が開ける約束を

▼個人のプライバシーより安全のほうが大切だと言い聞かせる▲

今、子どもたちを教育する上で、苦慮しているのが携帯電話やスマホを通じた友達同士の付き合いや、遊び方です。昔は、家に固定電話が1台しかなく、電話口で話している内容も聞こえてくるので、子どもの人間関係や行動を大人が把握することはそう難しくありませんでした。その後、インターネットを子どもたちが使うようになっても、「2ちゃんねる」などなら、公開できる場に罵詈雑言(ばりぞうごん)を書き込んでいるので、大人が閲覧することができました。

しかし、今、LINEを使っての交友は、他人には見えない、知られない状態になっています。そこで子どもたちが何を語っているのか、大人にはまったく想像がつきません。また、**スマホのゲームや情報はごく普通の娯楽になっています**

が、ここには課金の問題や、犯罪を含む危険な取引などが潜んでいます。

開成では、生徒たちに、インターネットの危険性について話をします。知らない間に、法を犯すようなことに足を踏み入れている可能性があること、そして何より、ＬＩＮＥなどＳＮＳでのやりとりは、相手と自分だけの秘密の関係ではなく、世界に配信される可能性があること。「学校の正門で、ハンドマイクで自分のプライバシーを大きな声でしゃべるよりも、もっと広く伝わってしまう。そして、一度発信したものは、未来永劫、取り消すことができない」。だから、「一つ一つの発信や交流を、よく考えて行ってほしい」と。しかし、いくら言ってもＳＮＳの危険性は子どもたちには想像できないところがあります。

私は、まだそうした判断がつかない年齢の子どもに携帯電話やスマホを買い与えるなら、キーロックは親が開けることを条件にしたほうがいいと考えます。「プライバシーがない」と子どもは怒るかもしれませんが、そもそも、これで発信したものはプライバシーを超えて世界に発信されてしまうわけです。親に見られてもいいような内容でないと、危険なのだと言い切りましょう。それに、本体も通信費用も親が支払っているなら、支払う者が管理するのは当然だときっぱり言っていいのです。親の権限をはっきりさせておきましょう。

POINT!

SNSの危険性を教え、回避するために、キーロックは親が開けるのだと説明しよう。親は毅然とした態度を取ることが大事。

「無断外泊」は許さない。その前に〝居心地の悪い家〟になっていないか⁉

▼夜遊びに夢中になると生活が乱れ、物事がうまく進まなくなる▲

仲のいい友達と過ごしていると時間を忘れ、帰宅するより泊まってもっと遊びたいと思うものです。親が、帰りの遅い息子の安否を心配して、携帯電話に何度も連絡するけれど電話に出ない、ということも起こります。

中には子どもが外泊しても放任している家庭があります。が、夜遊びが度重なると生活リズムが狂うばかりでなく、街で遊んで朝を待つようなことをすれば、犯罪に巻き込まれることも多くなります。とにかく繁華街で夜明かしするのは、禁止にするべきです。子どもがネットカフェやマンガ喫茶などに泊まればいい、と思っているのなら、それは間違い。18歳未満は、基本的に22時から翌朝4時まではでは入店できないことになっています。また、都道府県の条例で、多くの場合は、保護者が同行していても、23時以降は外出を禁止している地域が多いはず。ふらふらしていたら、補導されます。あらかじめ伝え、門限を設定して、夜は家に帰るよう、はっきりと告げて守らせます。

しかし、家の居心地が悪いとなれば、話はまた変わってきます。**夫婦の仲が悪く、険悪な空気が漂っているから、家にいたくない**。兄弟との関係がぎくしゃくし、いたたまれなくて、家を離れたいと思っていることもあります。居心地の悪い家になっているとすれば、あながち本人を責められません。思春期男子の心はデリケートで、ちょっとした家族との言い争いが居心地の悪さに結びついていることがあります。「今日は家にいるの?」などの短い聞き方で、うまく息子の気持ちを引き出し、本心を探りましょう。

ただ、友達の家に泊まるなら、少し大目に見てあげてはどうでしょうか。中高生にとって、友達の家に泊まるのは、とても楽しいこと。双方の親が泊まってもよい、という意向であれば、相手の家族にできるだけ迷惑をかけないように気遣い、お互いに連絡を取り合いながら、泊まらせてもらえばいい。

事前に親同士が連絡先も教え合って電話で挨拶しておく。そのパターンを作ってしまうと、あとがスムーズです。

POINT!

繁華街で夜明かしするのは厳禁。友達の家に泊まるときは、事前に親同士が電話で挨拶しておけば安心できる。

友達同士で「お金の貸し借り」をさせない。〝借りるなら親に〟を鉄則にする

▼お金の貸し借りは、友人関係を歪ませる元凶だとわからせよう▲

小学生であっても、友人関係の中でお金の貸し借りは起こります。近くのスーパーに行ってお菓子を買うときに借りる、塾の帰りにコンビニに寄って借りる。こういうことを繰り返していると、友人関係に微妙な力関係が生じて、人間関係自体が歪んできます。

「お金は友達から借りない」を、鉄則にしてください。お小遣いが足りなくなったときには、親に事情を話して借りることを徹底させましょう。友達同士で出かけた先で足りなくなったら、我慢する。そもそも、欲しいものを手に入れるために、今お金がないのに借りてまで買うことをやめないといけません。

借りるのも問題ですが、「貸してくれ」と言われて貸すほうが、もっと難しい

問題かもしれません。健全な友人関係なら、親御さんにも知らせたうえで貸す、ということもあるでしょうが、それも何度も繰り返されると、友人関係にひびが入りやすくなります。基本的には、**「お金を貸すときには、『あげた』と思いなさい。それがいやなら貸さないこと」**と教えることです。

しかし、中高生の場合、「貸す」はカツアゲに通じることがあります。集団に囲まれて「貸せ」と言われ、断りきれなくなると大変です。学校関係だと、それはいじめに通じることがありますし、街中なら、断ることで傷害事件になることも考えられます。

こうしたカツアゲに関して、親には言いにくくて黙っているケースも多い。親はとにかく、子どもの様子をよく観察することです。様子がおかしいときは、たとえ子どもが隠してもわかるもの。

「お小遣い、足りてる？」のように、短く軽い感じで質問をし、カツアゲにあっていないかどうかをさりげなく確かめましょう。

もし、繰り返しカツアゲされているようなら、必ず学校や公的な機関などに相談してください。身の危険もありますから、子ども一人で解決しようとしないようによく言い聞かせ、親は徹底して子どもを支えてあげてください。

POINT!

お金の貸し借りは、友人関係の亀裂の原因に。カツアゲならさらに深刻。子どもに金銭トラブルが起こっていないか、親はていねいに観察する。

「食卓では勉強の話をしない」。昔話や興味のある話題でリラックス

▼子どもを成長させたくて難しい話をしすぎると、コンプレックスを持つ▲

昨今の受験雑誌などには、「食卓の会話が大事」とよく書かれています。やや難解な科学や宇宙の話などをさりげなくすると学力アップにつながる、などという記事を読み、一生懸命にそういう話をする親もいると聞きます。しかし、肩に力の入った会話は、子どもを萎縮（いしゅく）させます。興味も持てず、思春期男子はなおさら口数が少なくなり、すっと自分の部屋に入ってしまうこともあります。なんでもかんでも勉強に結びつけず、とにかく食卓の会話は楽しいものにするのが、いちばんです。食卓についているときくらいリラックスできなければ、家族と食事をする意味もありません。子どもが学校での出来事をうれしそうに自分から話すような雰囲気に持っていければベストです。

親が自分の子ども時代の話をするというのは、子どもに良い影響を与えます。子どもにとって親は、自分が生まれたときすでに大人でした。子ども時代がなく、いきなり大人になった存在として映っています。そこで親が子ども時代の話をすると、親が非常に身近な存在になります。自分と同じように、子ども時代を経て大人になった存在と認識されるわけです。親も自分と同じような経験、悩みを持っていたと知ると、**親が自分と対立する大人ではなく、自分がこれから歩んでいく道筋のお手本**と考えられるようになります。

このようにお手本、ロールモデルを見つけることができると、子どもはそのモデルと比較しながら、いろいろなことを選択することができます。お手本が素晴らしいと思えば、自信を持ってそのお手本に近い選択肢を選ぶことができます。お手本が反面教師の場合でも、その悪い例にならないように、子どもは慎重に選択するはずです。

比較する対象やお手本がまったくない場合、つまり心理的にまったく拠りどころのない状況で、何かを選択することは、大人でも困難な場合が多いと思います。地図もなく、見知らぬ土地に置いていかれたら途方にくれます。経験量の少ない子ども時代は、いわば適切な地図を持っていない状況ですから、親の子ども時代の経験は必ず役に立つはずです。

POINT!

食卓での会話は肩肘の張らない気楽なものを。親が自分の子ども時代の話をすると、親近感がわき、子どものロールモデルにもなる。

「早く寝なさい」と言っても、夜更かしがやめられないときは、朝、起こさない

▼起床時間を決めて、自分で起きるように習慣づける▲

小学校高学年頃から、夜更かしをするのが楽しくなる子がいます。中学受験や高校受験で遅くまで勉強する子が多くなってくると、ますます「遅くまで起きていてもいい」と思ってしまう。それも、勉強をして遅くなるのではなくて、多くの場合、ゲームをしていたり、テレビや動画を見ていたり、ＬＩＮＥなどで友達と夜通し会話し合っている、という感じではないでしょうか。親にしてみたら、「勉強もしないで夜更かしをして、どうしようもない！」となるでしょう。

言うまでもなく、人間は夜、日付の変わる前に眠り、朝は早めに起きるほうが、健康面でも、頭の回転の面でもよしとされます。中高生は、23時より前には眠ってほしい。特に、電車などで通学している場合は、家を7時台、場合によっ

ては6時台に出ることになります。6時に起きるのであれば、睡眠時間7時間を確保するためにも、やはり23時には布団に入るべきです。

夜更かしの習慣は、一度ついてしまうとなかなか直りません。親が「早く寝なさい」と言っているぐらいでは変わらない。それではどうしたらいいか？　とりあえず、**朝起きる時間を、息子と決めてください。そして、決めたら起こさない。**部活の朝練に遅れようと、試験の日に遅刻しようと、黙っている。あとで子どもが怒りをぶつけてきても、「自分で起きるって決めたよね？」でいいのです。自分が決めたことには最後まで責任を持つべき、という親の姿勢を崩さないでください。

それで起きられないのなら、自分で早く寝るようになるでしょう。もし、夜更かしが直らず、なんとか朝起きて学校に行き、午後の授業は爆睡だったとしても、仕方ない。不毛な言い合いをして険悪になるよりましだと考えるしかありません。

朝起きるという約束の責任を取るところから、自己管理能力をつけていく。親にとってはつらいでしょうけれど、ここは譲らないで、我慢して、貫いてほしいです。

POINT!

夜更かしの習慣は、なかなか直らない。朝、起きられなくても、親は我慢して子どもの自己管理能力を育てるよう、見守っていく。

「タバコ・お酒はダメ！」ではなく〝親が悲しむ〟という立場で伝えたい

▼大人に対する反逆と自立意識が喫煙や飲酒につながっている▲

喫煙や飲酒は、学校教育の中では厳しく処分されます。法律で禁止されているわけですから、喫煙や飲酒が見つかれば停学や退学になるケースは多い。では、息子が喫煙や飲酒をしているのがわかったらどうしますか？　ただ「ダメよ！停学になるわよ！」などと言っても仕方がない。特に中学生から高校1年生ぐらいの思春期には、悪事にある種の喜びを感じます。悪いとわかっているからこそやる。

そもそも「良い、悪い」の価値観は、自分たちの価値観を無視して、大人が植え付けるものです。だから、親離れをする頃に、親の価値観に反抗したくて、喫煙や飲酒をすることがよくあります。**親が正しいと思うことはやらない、親が不**

正だと思うことはやる。その心理は、自分たちの中学生時代を思い出すと、少し理解できるのではないでしょうか。

はじめてタバコを吸ったときの印象は、「ちっともおいしくない」。でも、これが大人への登竜門のような気がしたのです。さらに、隠れてやるところに、大きな意味がある。親の知らない世界が自分には存在するのだ、という満足感がある。まさに、思春期における、脱皮の儀式のようなものです。だから、昔の大人は、未成年の喫煙や飲酒について、今よりも寛容だったのかもしれません。お父さんが子どもに、家で「おい、ビールでも飲むか?」などと、昔はよくやっていました。

しかし、未成年の喫煙も飲酒も、社会規範を守っていないことは確かです。息子の喫煙や飲酒の気配を発見したら、「学校や警察から大きな罰を受ける」ことは、事実としてはっきりと伝えましょう。喫煙は健康面を考えてもいいことはひとつもありません。実際、喫煙する中高生はとても減ってきている。今はカッコいいことでもないのです。

親が「悲しいのだ」ということも伝えましょう。親の「タバコやお酒はよくない」という価値観を、わざと覆すわけですから。しかも、もしも見つかって罰を受けるようなことがあれば、親も土下座するしかないのです。親の心情もわからせるべきです。

POINT!

親から脱皮するための思春期の儀式だとしても、社会から罰せられること、親の「悲しみ」は、しっかりと伝えよう。

「お金を盗んだでしょ！」証拠もないのに詰問するのは絶対にやめる

▼子どもは親に信頼されていないと知ると、ますます頑なになる▲

お小遣いが足りないとき、欲しいものが出てきたとき、そこに親の財布を見つけたら、子どもはついお金を抜き取りたくなるものです。財布の中身を見たら、1枚お札が足りない、と感じる日もあることでしょう。

そんなことをするのは息子に決まっているとばかりに、

「盗んだんじゃないの⁉」

などと詰め寄ることは、絶対にやめてください。

もし、盗んでいないのなら、こんなにひどい話はありません。以後、息子は親を信頼しなくなります。

もし、抜き取ったとしても、真正面から言われたら、子どもに苦々しい思いが残ります。子どもがお金を盗むのは、親にとってはとてもショックですが、具体的な証拠がないのなら、怒りや悲しみを鎮（しず）めて、少し間を置きましょう。

魔が差すことは、誰にでもあります。

大事なのは、**子どもに魔が差さないように、子どもの目につくところに財布や現金を置かないことです**。

それは、親の思いやりであり、大事な教育の基本だと思います。それでも、たびたび抜き取っているな、と思うときには、「知っているよ」という意思表示をやんわりするといいでしょう。

「まだ、お小遣い、あるの？」「最近、○○を買うことはあんまりないの？」などと、お金の使い道を聞いていると、子どものほうで「バレているな」と気づくことがあります。バレていると思えば、自然とやめることがほとんどです。

お金のことは、デリケートな問題です。できるだけ言葉を少なくして解決できれば、それがいちばんいいことです。

直感的に、お金の使い方がおかしいなと感じるときがあるかもしれません。友達に脅されて貢がされた恐喝事件などが報道されることもあります。違和感があったら子どもの友達関係に注意を払い、まず学校の先生などに相談するのがよいでしょう。

POINT!

親のお金を盗んでいるのがわかっても、正面から糾弾しない。「知っているよ」とさりげない態度を見せれば、自然とやめる。

3章

否定しない！子どもの「やる気スイッチ」を入れてあげる

「水平比較」ではなく「垂直比較」。ほかと比べず、成長した子ども自身をほめる

▼特に勉強はほかの子どもと比較しない。否定形はやる気を失わせる▲

自分の子どものことは、不甲斐なく思えてけなしてしまいがちです。でも、

「なぜそんなこともできないの⁉」

と小言ばかり言う母親だと、子どもはやる気が出ません。人間は、自分についての低い評価を言われ続けていると、だんだんその通りだと思うものです。「自分は何をやってもできないのだ」と諦めてしまうことも多々あります。謙遜のつもりで子どものいるところで、うちの子はダメだから、などと言い続けるのもよくありません。子どもは謙遜が日本の文化だということを知りませんから。

やる気を出させようと思ったら、ほめること。しかし、具体性がなく、ただ「がんばってるね」「えらいね」だけでは、子どもの心に響きません。自分のこと

をきちんと見ていてくれて、ほめてくれる、と実感できるほめ方をしてほしい。特に、**子どもが困難を感じていたことをうまく克服したときに、的確にほめることが大切です。**その「困難」は、非常に大変なことでもいいですし、大人にとっては取るに足らないことでもいいのです。

できたところを肯定し、親の価値観をさらりと混ぜる

たとえば、「部屋が汚い」ことが、母親のイライラの原因だったとします。「片付けなさい!!」と言い続けても、まったく変わらない。そのくせ、親が部屋に入って掃除をしようとすれば、「俺の物にさわらないでくれ!!　自分で片付けるからほっといてくれ!!」となる。いつまでたってもゴミ部屋のまま。ところがある日、一念発起して、きれいにしたとします。親から見れば、「もっときれいにできるだろう」と思えるかもしれません。ですが見たとたん、「あそこも片付けろ」「ここが片付いていない」と、また小言になりそうなほどのつたない片付け方でも、ここは、できた部分をほめてやります。

「物がなくなって、床が見えるようになったよね」

ほめられてイヤな人はいません。まして、意識的に努力したところをほめられたら、こんなにうれしいことはない。だから、つたなさをけなすのではなくて、できたことだけに注目してほめるのです。そして、ほめる中身に親の価値観をさりげなく、「ウザい」と思われない程度に織り交ぜます。

「きれいになったね、これなら、探し物がさっと出てきそうだよね」

いつも物をなくしたり、忘れ物が多かったりする子には、このような言い方をします。

「片付ければ、探さなくていいし、いいね」

できたことを肯定するのです。

間違っても、こんな言い方はしないでください。

「ほら、だから部屋を片付けなきゃだめなのよ。だいたいあなたはいつも物をなくすじゃない。部屋が汚いからよ。もう少しきれいに片付けなさい。これじゃ、まだまだよ」

全部否定形です。このような言い方は、部屋の片付けをさらに嫌いにさせ、母親のことをさらに苦々しく思わせます。また、このような言い方も避けます。

「片付けたのはいいけど、まだまだね。お兄ちゃんは、週に一度は片付けてるわよ。だから部屋がきれいなのよ」

■できる人と比べられたら、とてもつらい

「どんなことでもいい、困難を克服したときにほめる」のほかに、もうひとつ大切なことがあります。

「水平比較でなく、垂直比較をする」。誰かほかの子と比べて、その子がいいか悪いかではない。その子自身を見て、よくなったところをほめる。決して人と比較してはいけません。

特に、勉強は人と比べてはいけない。

こんな言い方はしないでください。

「あの子はあんなにできるのに、あなたができないのは、勉強の量が違うから

よ。もっと勉強しなさい」

勉強の量をたくさんできるかどうかは、個人差なのです。努力によって少し増やすことはできますが、そもそもの気質として、**「勉強にあまり熱心でなく、たくさん勉強できない」という子はいます**。徒競走でいつも一番の子がいる。でもわが子は、どんなに徒競走の練習をしても、足が速い子にかなわない、というのと同じです。

比べられても、どうしようもない。少しは努力できるかもしれませんが、1位にはなれないことは多々あります。そんな言い方をすれば絶望して、少しの努力もしたくなくなるのです。ご自身にあてはめてみてください。

「お隣の奥さんはすごく料理が上手なのに、なぜあなたは料理が下手なの?」などと姑(しゅうとめ)に言われたら、やる気をなくしますね。料理が好きで料理のセンスがいい人もいれば、料理が苦手な人もいます。毎日、「家族はおいしいって言ってくれるかしら?」と悩みながら作っている人もいます。そんなとき、「この肉炒めの味つけ、すごく好き。この間作ってくれたときもよかったけど、あのときより、今日のはさらにおいしい」

と言われたらうれしいはずです。また張り切って料理をする気になり、さらにおいしい肉炒めを作ろうと努力し、肉炒めが得意料理になるでしょう。ご自身にあてはめて考えると、うまくいきます。

■監督ではなく、観察。少し距離を置いて客観的に見る

世界的に活躍する盲目のピアニスト、辻井伸行さんをご存じでしょう。彼の母親こそ、子どもの才能を伸ばす、すばらしい人です。子どもが盲目だとわかって絶望しそうになりましたが、小さい頃から生活雑音に敏感で、いやだと思ったら泣きやまないことから、「この子には音楽の才能があるのではないか」と気づきます。そして、そう思いながらよく息子を観察すると、「音楽に合わせて体が動く」「同じ曲目なのに、演奏家が違うことに気づく」ことを知りました。ピアノの調律の人などにも、音楽の才能があることを示唆されます。

一見、短所に見えるようなことでも、それを反対にひっくり返すと長所にな

る。辻井さんのお母さんには、「生活雑音に敏感すぎる」という短所を、「きっとこれは長所なのだ」と気づく力がありました。

人間は長所と短所が背中合わせです。短所だけに着目していると、大事な長所が見えなくなります。

子どもをよく観察することが大事です。監督ではなくて、観察です。**客観的にその子のいいところを見る。じっくりと観察するのです**。そして、いいところを見つけて、本人に告げてほめます。辻井さんのお母さん自身がそう言っています。

日本人は、表現をするのが下手な人が多いです。「沈黙は金」の文化、そして謙遜する文化です。ほめずにけなすことが多いです。しかし、子どもの教育では「謙遜」は逆効果になります。かつて自分の息子を公(おおやけ)の場で言うときも、「愚息」「豚児」など、かなりへりくだって話す習慣がありました。けれど子どもは、大人のこういう謙遜は理解できません。理解できないから、自分をダメだと思い、自信をなくしてしまう。

まずは、母親が息子を的確にほめて、子どもに自信をつけてあげることが大切です。

POINT!

短所の裏側には長所がある。その長所を見つけるには、観察力が必要。日ごろからよく子どもを観察し、その子のよさを本人にも伝えよう。

子どもにも「調子がいいとき」と「悪いとき」がある。落ち込んでいる心情を受け止めよう

▼人間はネジを巻けば自動的にがんばれるわけではない▲

中学生、高校生の中には、勉強が好きな子はいます。でも、どの教科もまんべんなく好きな子はなかなかいません。また、できるときとできないとき、ムラがあるのも当たり前です。

自分もそうでした。中高時代、自分が夢中になれる科目は熱心に勉強しましたが、あまり興味が持てない科目はがんばれなかった。中には本当にまんべんなくできる子もいましたが、ほんの一人か二人でした。彼は、「まれに見るすごいヤツ」という尊敬の念を込めて、生徒たちから「天才くん」と言われていました。彼は、どんなときも成績を落とすことがなかった。勉強の自己管理能力についても、天才でした。しかし、彼は特別です。

自分の子どもには、そのとき、そのときのテストの点を気にしすぎて、あれこれ言うのはやめるべきです。人間は、ネジを巻けば自動的にがんばれるわけではありません。がんばれるときもあれば、調子が出ないときもある。

部活や学校行事で忙しければ、当然、点数は下がるでしょう。自分の勉強方法を変えた直後は、前のような成績は取れないかもしれない。母親は、そうした息子の波や心情を捉えて、さりげなく寄り添うのが理想です。

特に、受験のための模試は、点数のほかに、受験合格率を予想したＡＢＣ評価が出ます。合格率が限りなく低いＥ評価が出ることもざらです。そんなとき、カッときて、

「どうするの、Ｅなんかで。これじゃ受からないじゃない‼」

などと本人に言っていませんか？

模試は、受けた当日、本人が「ダメだった」といちばん落ち込んでいるはずです。そして、自己採点して、「確かにダメだ」と悟り、結果をもらって、「本当にダメだ」と実感する。落胆の三重奏です。そんな心情のときに、追い打ちをかけ

るように母親から怒鳴られたら、貝のように口を閉ざします。

子どもの心情を受け止め、励まして前に進ませるのも、母親の重要な役目です。

POINT!

勉強より、部活や学校行事に熱中しているときはそれを認めてあげる。調子が出ないときには多くを求めすぎず、励まして前を向かせる。

「どれも平均以上」のジェネラリストを求めず〝好き〟を突破口に尖がらせる

▼何でも平均的にできる子は大成しない。これからの時代は自分の強みを持つ▲

親というものは、子どもにたくさんのことを求めます。勉強ひとつとっても、数学も英語も理科も社会も、全部平均点以上であってほしい。勉強だけでなく、スポーツもできて、生徒会の役員にも立候補して、友達もいっぱい。これは、少子化だからでしょう。昔は子どもが多かったから、長男は勉強ができる、次男は走るのが速い、三男は人にやさしい。そのように分散して子どもを見ることができました。今は、一人にたくさんの才能を求めてしまう。

しかし、どれも平均点以上、などという子はなかなかいません。それに、どれもこれも平均点以上であれば、突出した才能で目立つこともできません。

分野を限定しない広範囲な知識・技術・経験を持つ人を、ジェネラリストと言

います。かつての日本は、ジェネラリストが求められました。そのほうが、昔の企業は便利だったからです。営業も経理も企画もできる。そんな人なら、どこに配属してもうまくいきます。

そういう人を増やそうとして、社員をさまざまな部署に、さまざまな支店・支社に異動させました。どれもこれも、3年ぐらい経験させて次の部署へ。そうすると、ジェネラリストができあがります。

しかし、そういうジェネラリストは、その会社なら通用するけれど、ほかの会社では通用しません。転職しにくくなります。今や、どんな大企業でも屋台骨が崩れることがある時代です。日本の今のやり方が世界経済にマッチせず、どんどん日本の経済が停滞して、海外の企業で働かざるを得なくなるかもしれません。するとますます、ジェネラリストは通用しなくなります。

「自分のここが強みです」と、胸を張って言い切れるものを作ることが、今後の社会の中で生きていくには、非常に大事です。転職の際には、強みがなくては説得力がありません。それには、「どれも平均点以上になる」ために努力するのではなく、ひとつ突出したものを作り出すために、心血を注ぐことです。

そもそも人は、好きなことに向かうほうがうまくいきます。自分のことを考えてみても、長続きすることは、結局好きなことでしかないはずです。お金がもうかるとか、家族のためなどといっても、好きでないことは、なかなか続かないものです。

■勉強が嫌いなら、そこでがんばる必要はない

それは、私の周囲にいる大人たちを見ても感じます。大企業に勤め、転勤、転勤で定年を迎えたような人は、会社だけで生きてきて、住居地域に知り合いがいない。仕事を失ったら、行き場も失っているように見えます。それより、「料理の腕ひとつで食堂やっています」というような親父さんのほうが、元気がいい。店の経営は大変かもしれないけれど、自分の腕でうまいものを作って喜んでもらっている、という自信を持てています。

星つきのレストランのシェフの話を聞いたことがありますが、エリートサラリ

ーマンより自信を持って働いていると感じました。収入も驚くほど高く、料理についてのプライドも高く、知識もすばらしい。もしかしたら、勉強そのものは苦手で、中学校や高校を卒業してすぐに料理の道に入ったのかもしれません。

しかし、自分の料理を確立するために、魚の生態を必死で学んだり、火を入れるための温度変化、食材を組み合わせたときの化学変化などを極めたり、並の研究者より、よほど詳しい人もいます。

また、さまざまな競争の中で勝ち抜いてきたわけですから、チャレンジ精神、適応力、熱意、本当に人間的にも素晴らしいものを持っています。

大事なのは、「自信をつけること」。その自信は、不得意なことではなかなかつかず、かえって自信を失います。勉強が嫌いなら、そこでがんばりすぎる必要はありません。親は、息子を中途半端に勉強に追い込み、自分を失わせるよりも、自分の好きな分野で、大きな自信が持てるように支えてあげるのが筋だと思います。

■自信が持てることに出合えるまで、親は見守って

ただ、子どもは「自分はこれに自信が持てる」などとは、なかなか気づけないものです。そこを引き出してあげるのが、すぐそばにいて、いつも子どもを見ている親です。先生は親よりうまく、本人を捉えて自信をつけさせることができません。

では、どんなことで自信をつけさせたらよいか——。とにかく、子どもがニコニコしながら時間を過ごしているときを捉えてください。そのときに、子どもは何をしているかを、よく見極めてください。そして、「楽しそうだね、それが好きなんだね」と声をかけます。

そうすると、自分でも、「これが好きなのかもしれない」と意識するようになります。

しかし、本当の意味で「これが好き、これで人生をやっていこう！」と思えるようになる時期は、人それぞれ。いつになるかわからない。待つしかないので

す。

私は、東京大学を出て、一般企業に入社しました。しかし、入社3年目で水俣病にかかった方の写真を見てショックを受けました。海を水銀で汚染してしまったために、こんなに苦しむ人々がいる――。いてもたってもいられず、環境汚染について学び直そうと、企業をやめ、大学院に進学しました。そして、研究室で空気汚染の研究を始め、シックハウス症候群や化学物質過敏症についての専門家になりました。

就職活動のときはよく考え、会社員になることを自分で決めて入社したので、自分でも、このようなことにのめり込む人生になるとは思っていませんでした。また、母校の校長になることも、大学卒業当時は考えてもいませんでした。しかし、「これが好きなんだ、これをやり続けよう」という出合いはいつくるかわからない。

出合って時間を忘れてやり始めると、これが天職だと思うようになります。みなさんが経験した恋人との出会いのように、天職との出合いも予期せぬとき、ある日突然訪れます。

親は、息子が夢中になれるものに出合う時期を、そっと待ち続けてください。

POINT!

好きなことに出合って夢中になれたら、それが天職。親はいつになるかわからないその出合いを、寄り添って待ち続ける。

「子どもの失敗」にガッカリしない。結果より〝精一杯やった〟感を持たせよう

▼いちばんナーバスになっているのは息子。気持ちをほぐしてあげて▲

受験や大きな試験のとき、部活の大事な試合前などは、母親も心配になります。きちんと準備していないように見えるときはなおさら、「そんなことではうまくいかないわよ！」などと言ってしまいがちです。

しかし、その言葉はNGです。いちばんナーバスになっているのは本人です。その本人の気持ちに追い打ちをかけることになりますし、ネガティブなことを言うと、結果もネガティブになりがちだからです。わざわざ結果を悪くするようなことは、絶対に避けたいものです。

特に、**受験は勝ちが1割、負けが9割だと思ってください**。その厳しいチャレンジに挑む子どもを、リラックスさせた上で、心地よい、いい意味の緊張で臨ま

せてあげるのが親の務めです。もしかしたら、親のほうが肩に力が入っていませんか？　ほぐす役目の人ほど、リラックスしてください。まず、

「結果より、チャレンジに精一杯努力することのほうがずっと大事」

だと思ってください。

子どもは、力を尽くして挑戦することで大きく成長します。それは、結果そのものよりも、ずっと大切なこと。たとえ、結果に結びつかなくても、これから生きていくためには、大事な経験です。次に息子には、こう言ってください。

「結果は二の次、結果を考える前に、最後に『精一杯やった』と思えるように、今できることをやっておこうね」

オリンピックのために、4年間、精一杯努力してきた選手が、メダルを取れなかった、ということはよくあります。ときに、とてもさわやかに「精一杯やりました、後悔はありません」と言うのを聞くと、その笑顔や言葉の強さに、感動します。きっと、「やり抜いた」ことへの満足感が自信につながっているのでしょう。そしてその自信で、次のチャレンジに向かっていくのだと思います。

わが子のチャレンジも、そうあってほしい。結果は、あとからついてくるものだと思って、ちょうどいいのです。だから、模試の結果がよくないからといって、

「そんなことじゃ、受からないわよ！」

などと言わず、

「あとで後悔しないように、精一杯やろうね」

と声をかけてください。

■「もう少しがんばればよかった」という自己分析を引き出す

結果が出てしまったあとは、親がガッカリしないことです。子どものほうがもっとガッカリしているはずです。そこに親のガッカリが加わったら、子どもはたまりません。まして、「お友達の○○ちゃんは受かったのに」は絶対に禁句です。

子どものチャレンジを、ほかの子と比較してはいけません。皆それぞれにがんばり、それぞれに結果が出たのです。水平比較をせず、その子の努力の過程を見

ながら、その子自身の比較、垂直比較をしてあげましょう。ショックから立ち直ったのを見計らって、どうがんばったのか、まずは称えてあげることが大切です。

「寒い時期でも、文句を言わずに塾に通っていたよね」
「朝練に毎日行っていたものね」

すると素直に、「ここでもう少しがんばればよかった」などと、子どものほうから自己分析してくることがあります。そうなれば、次への大きなステップになります。

こんな話を聞いたことがあります。

その子どもは、大学受験のときに、どうしてもある大学に行きたかった。でも、現役のときは落ちてしまいました。受かった大学もあり、そこならよいのではないかと親は思ったのですが、本人はどうしても来年もチャレンジしたい。親を説得して1年間がんばったのですが、結果は不合格でした。しかも、前年に受かった大学も落ちてしまったのだそうです。親に申し訳ないと思い、就職のときは結果を出そうと、自分なりにできることは全部やったと言います。

その子は今、メガバンクで営業マンとして活躍しています。彼の入学した大学からその銀行に行く人はそう多くなかったでしょう。就職のためにたくさんの努力をし、リベンジしたと言っていい例です。

■失敗こそ、成長や成功のチャンス。その後押しをするのが親の務め

失敗は、あとから取り戻せるものです。親が落胆して「これじゃダメ」などと言ってはいけません。落胆している子どもをさりげなく励まし、先のような例があることも伝えてください。ちなみに、彼は今、銀行に入ったことだけに満足していないそうです。インターネットで預金や債券を申し込むお客さんが多くなり、自分たちの仕事の無力さを感じている。せめて知識をしっかりつけようと、取れる金融の資格をすべて取得し、世界に羽ばたくために、中国語を勉強中なのだそうです。すばらしいチャレンジです。

親が気にすべきことは、失敗そのものではありません。子どもが失敗から何を

学び、どう成長していき、自信をつけていくかが大事であり、そのように導くのが家庭教育ではないでしょうか。

まず、**親が前向きになりましょう。子どもの失敗をいつまでも悔やむのはやめましょう。**むしろ、うまくいかなかったときこそ、子どもが成長する大きなチャンスなのです。なぜなら、うまくいったときには誰も反省をしませんから。このあと、リベンジするために何が必要か、子どもが自分自身で考えられるように、後押ししてあげるのです。

POINT!

親が気にすべきことは、失敗そのものではない。失敗から、子どもが何を学び、どう成長していき、自信をつけていくかを支えてあげること。

「これはやっちゃダメ」ではなく「これがいいね！」と伝えよう

▼子どもの思考を邪魔しない、前向きなジャッジメントをする▲

母親は、何かと子どもに禁止事項を多くするものです。しかし、禁止ばかりしていると、子どもの思考力や自主性が育ちません。

たとえば、子どもが小さい頃、「Aをやってはダメだ。あなたは、なんてことをやったの⁉」と言うとします。すると、素直にAをやらなくなります。次に、Bをやったとします。また、「そんなバカなこと、やめなさい」と言います。するとBもやめます。

こうして、やったことを否定されると、次には親に否定されないことを探します。探している過程で子どもは気付きます。否定されないためには、親がやれと言ったことをやればいいと。指示待ち族の誕生です。このようにされると、子どもは親の言いなりになるか、その逆に何事も親に反発するだけになります。**逆に、「いいね！」と言ってあげれば、自信を持ってやることができ、自分に対しても、母親に対しても肯定的になるでしょう。**子どもが自分で決めたことを、「いいね！」と言ってあげましょう。できればいくつかのことをほめてやりましょう。すると、どんどん自信がつき、自主性が生まれます。

わが家では、金額の上限を決めて息子たちに好きな本を買わせました。すべて自分たちの選択に任せます。すると、目を輝かせながら本を選びます。それに対して、「いい本を選んだね」と言って、お金を払ってやります。この繰り返しで、二人ともすっかり本好きになりました。「いいね！」で育てるのは、自己肯定感です。「自分のやっていることはよいことだ」と思えれば、自信が持て、毎日が楽しくなります。

反対に、いじめや不登校、飲酒・喫煙といったいわゆる非行の原因は、自己肯定感の低さにあると言われています。自己肯定感がないと自信が持てないので、新しく何かにチャレンジしようという気持ちがなくなります。リスクを避け、失敗しないための消極的な選択をしがちになり、人付き合いも消極的になり、恋愛にも結びつかず、成功体験も少なくなります。わが子をそんな自信のない子にしないように、しっかり肯定してあげるべきです。

POINT!

禁止事項を多くすると、自分で考える力が育たない。自己肯定感が低いと、何事にも消極的になる。

「ダラダラと長く叱らない」こと！シナリオを作って1分以内で話す

▼長すぎる叱り方は伝わらない。短いほうが身に染みる▲

女性はおしゃべりが好きな方が多く、子どもに対しても、長く語る人が多いのではないでしょうか。レディーストークは、女性同士だと楽しいものです。しかし、子どもを叱るときは気をつけてください。

叱るときはしつけをしているのだから、伝わらなければ意味がありません。理解できるように伝わるまで話すのはいいのですが、長すぎれば、当然、子どもからため息が出ます。子どもが真剣に小言を聞ける時間はおおむね1分ぐらい。それを過ぎないように、予め(あらかじ)「こう言おう」とシナリオを作ってから話しましょう。

気をつけたいのは、しつけをして話している自分に満足してしまわないこと。

自己満足になってしまっては、伝わりません。また、わが子については、感情的になりやすいのでそれも気をつけましょう。**感情をぶつけそうになったときには、一度立ち止まり、冷静に伝わる言葉を探したいものです。**

そもそも、教育というものは、素のままでしてはいけないものです。経験のある者が、経験のない者に教えるのですから、知っている大人が自分の立場で語っても、子どもにとってはバーチャルなものにしかなりません。予め考えたシナリオを演じながら、自分にとってもはじめての経験のように話すと親近感がわくのではないでしょうか。

子どもだったらこのことをどう捉えるのだろうかと、よく考えてほしいのです。自分が子どもの頃のことを思い出してもいいでしょう。反応もよく見ましょう。真剣に聞いているならそのままで。もしふてくされていたり、きちんと聞いていなかったりしたら、さりげなく質問を入れながら、相手の言葉を引き出すことも肝心です。

大きな問題なら、一度シナリオを立ててから、ご主人や友人などに「この叱り方でいいかしら」と聞いてみてから始めてもいいかもしれません。
また、男性は叱るときに割合短く叱る人が多いので、ご主人と相談して、叱る役をお願いしてもいいでしょう。

POINT!

予め考えたシナリオを演じながら1分以内で叱る。感情をぶつけずに、冷静に伝わる言葉を探す。

■■■■ 「カンニング」は子どものせいではない。親がプレッシャーをかけていないか自問する

▼「いい点を取らないと親を失望させる」と、子どもを追い込んでいないか▲

試験に向けて、みんなが一生懸命に勉強する中、カンニングをして点数を上げようとするのは、フェアではありません。実力以上の成績を、カンタンに得ようとするわけですから。

しかし、カンニングについては、子どものせいにするつもりはありません。カンニングは、その家庭の鏡のように思えるからです。

親が1回1回の成績に一喜一憂している状況だと、子どもは大きなプレッシャーを感じます。いい成績を取らなくてはいけない、成績さえよければいいんだ、となってしまい、カンニングという行為に及ぶことが考えられます。

カンニングは不毛です。**本人は内容を理解していないのですから、点数を取っ**

てもまったく意味がありません。むしろ、点数が取れなくて、勉強し直したほうがいいわけです。それなのに、危険を冒してまで点数を取ろうとする裏には、家庭的な背景があるのでは、と考えられます。実際にそのようなケースが多く見られました。

子どもがカンニングをしたら、親の勉強や成績に対する価値観を、もう一度問い直していただきたいと思います。

子どもが取る成績を、親はいつもどう受け止めているのか。偏差値の数字、成績の順位、息子の友人との順位の差、そのようなものを気にしすぎていないか――。

■カンニングは、長い間の親子関係に原因か？

カンニングの方法としては、小さな紙に書いた答えをこっそり見るか、試験時間が終わってうしろから解答用紙を集めるときに、人の答案を見てこっそり書き換えるか。どちらかのパターンが多い。いずれにしても、「こっそり」です。卑屈な行為です。

この卑屈な行為をさせてしまっているのは親なのではないか、という検証を、ぜひ一度してみてほしいと思います。

カンニングが発覚すると、ケースバイケースでいろいろな処分が考えられます。家で謹慎させる場合と、学校に通学させて部屋を用意し、ほかの生徒とは別に指導をすることもあります。

いずれにしても、懲戒処分にするときには、保護者と本人を呼んで処分の通告をします。そこでよくヒヤリングをして、なぜカンニングをしたのかを聞き出すことになります。このときに、包み隠さず親子関係や、成績に対する思いを語っていただいたほうが、今後につながります。

親子関係には、長い歴史があります。昨日今日、始まったわけではない。小さい頃から、子どもに対する期待や危惧(きぐ)があったと思いますが、それが成績という数字に影響し、一喜一憂するのでは、子どもとしては苦しいでしょう。また、そんなプレッシャーを小さな頃から感じ、積み重ねてきたかと思うと、気の毒です。

大人は自分の価値観をそう簡単には変えられないものですが、こうしたケースでは子どもの将来を考え、成績に対する考え方の変換をお願いしたいところです。

医者や弁護士になってほしい、親の期待が高すぎないか

特に、トップの中高一貫校には、代々医師や弁護士であるとか、大学の研究室に親戚がたくさんいるとか、アカデミックな家庭が多く見られます。自由度が高い家庭もたくさんありますが、「父親の病院を継いでもらうためにも、どうしても医学部へ」と願う親や、中には「弁護士になるのが当然」と思っている親もいます。「そのためには、いい成績を取って、この大学に行かねばならない」と決め込んでしまうことがよくあります。

しかし、本来、自分の将来は自分で決めるべきもの。**「この職業についてほしいから、この成績を取ってほしい」というのは、親側のエゴイズム以外の何物で**

もありません。

勉強は、自分がやりたくて、楽しくやるべきものだと思います。親の都合でやれと言っても難しい。「家を継いでほしいから、勉強していい成績を取れ」などと言うのは、ある意味で虐待と背中合わせです。

そもそも、数多くの生徒を教えたことのある教員は、1回1回の成績をそれほど重視していません。「いいときもあれば悪いときもある。受験のときにいいコンディションになってくれればそれがいちばんいい」くらいにしか考えていません。

カンニングをしても、たかだか数点しか違いません。子どもが追い込まれないような環境作りにぜひ尽力してください。

POINT!

理解していないのに、ずるをしてわずか数点をよくしても意味がない。親が偏差値の数字や成績の順位に一喜一憂するのはやめるべき。

「万引き」はどんな子でもやる可能性がある。出来心を抑えられる〝自制心〟を育てよう

▼遊びのつもりでやっても犯罪なのだと、しっかり理解させる▲

万引きについては、14～19歳のデータ（警察庁）を見ると、昔に比べて激減しています。

不景気になると増え、景気がよくなると減る傾向ですが、それでもなお、なくならないのは、家が裕福であっても、万引きをする子がいるという事実があるからです。

私立の中高一貫校に通学できるぐらいの金銭的余裕のある家庭に育っている子どもでも、やはりしてしまう。盗むものとしては、本が多いですね。参考書のこともあれば、コミックのこともある。

ちょっと気が緩んだときに、出来心でやってしまうのでしょうが、家庭でも自

制心を育てることが大切です。

昨今では、警察は万引きをしても、学校に通報しないケースが多いようです。というのも、学校に知らせると、学校側はなんらかの対処をしなければならず、退学にするケースも多々あります。

すると、万引きをきっかけに、子どもが行き場を失うことになるから、通報しないのでは、と想像しています。ですから、親があえて学校に報告してはじめて、学校側は事実を知ることになります。

しかし、万引きについての学校教育には、限界があります。

この段階で学校側としてやるべきことをやったとしても、もう一度やってしまう子もいる。

理由はそれぞれでしょう。学校が知る由（よし）のない家庭の問題、本人の問題もあるかもしれません。ですから、そうなってしまい、学校側の知るところとなれば、レッドカードを渡す、ということになります。

懲戒処分に対しては、学校それぞれで考え方があるので、学校と家庭が信頼関係を結んで、その子の将来のために罪を犯した子を正し、支えていく。そのことで、その子が変わっていくと信じて進むことが大切だと思います。

POINT!

万引きは、レッドカードだと予め伝えて、本人に自制心が生まれるよう指導する。

4章

平均点を求めない！
勉強、受験で
親ができること

男の子に「コツコツ勉強」は求めない。体力に任せて〝ドカンドカン〟でいい

▼常に勉強しなくても、自分のピークを受験のときに持ってくればいい▲

男の子の勉強の姿勢は、かつて優等生だった母親から見れば、危なっかしいし、いい加減にしか思えないことが多いでしょう。ずっと遊んでいて、間際になって急に勉強をし始めるのを見て「もっと早くからやっておけばよかったのに！」と叱りたくなります。

しかし、私は思春期男子を弁護したい。私自身もそんな勉強の仕方をしていました。目の前に定期試験や受験という目的が差し迫っていないのに、コツコツと勉強するなんてことは、できません。〝コツコツ〟は女性の特徴。どんなときも勉強に向かっていける女性は尊敬しますが、私たち男性には到底、そんなことはできないと思い込んでいます。

会社員時代もシステムエンジニアとして非常に多忙でしたが、差し迫る締め切りを前に、72時間ぶっ通しで働いて仕上げたこともあります。女性はそういう働き方はしないですし、おすすめもしませんが、男性は体力に任せて〝ドカンドカン〟と勉強し、働くのが向いているように思えます。

定期試験や受験が差し迫っていないときに、「勉強しろ、勉強しろ」と言わないであげてください。本人はきっと「まだ早い」と思っているでしょう。早くから始めるといざ試験というときに飽きてしまい、力が出ないこともあります。自分のモチベーションを、発揮すべきときにいちばんいい状態にするためには、少し遊んでおくことも大切です。危なっかしく見えても、叱りたい気持ちを抑え、少し様子を見ていましょう。

あまりにも遊んでばかりなら一言、「いつから勉強を始めるの？」と聞いてみてもいいですが、言いすぎるのは禁物です。思春期男子なら、無口になり、部屋にこもってしまう情景が目に浮かびます。

■男子は周囲の子をライバル視しない

また、男子と女子とでは、ライバルに対する感覚もかなり違います。女性は、クラスの女の子たちも重要なライバルと思うのではないでしょうか?「あの子よりいい点数を取りたい」と思います。それなのに、女性はクラスの女の子たちに自分を合わせることを望みます。グループ学習などでは、全員が均等に役割を果たし、いい結果を導き出そうとします。そして、誰かやらない子がいると、「あの子だけやらない」と批判の声が聞こえてきます。しかし、この点では男子はまったく反対です。**クラスの中に勉強のライバルを作る子はほとんどいません。身近な人をライバルと思っても、意味がない**。定期試験なら、自分がどう理解したかが問題ですし、受験なら隣の子ではなく、日本中の学生を相手にして合格しなければなりません。グループ学習のときも、たくさん担当する子もあまりやらない子もいますが、そんなことは気にしない場合が多いでしょう。「あいつはできないいんだからしょうがない」と、できるヤツがどんどんやってしまう。それでトラブルになることはほとんどありません。男子は、人と比べることによって自分を発奮させることは苦手です。男性と女性とでは、勉強の仕方には歴然とした違いがあると言っていいでしょう。

■途中経過は気にしない。ベストコンディションを見極める

ですから、母親は、自分の勉強のペースを思春期男子にあてはめないことです。本人が自分の勉強のリズムを確立しているなら、それを尊重してあげればよいのです。途中経過もあまり気にしないことです。ゴールさえきちんとしていればいい。

たとえば、ワールドカップなどでも、その前の強化試合で調子が出なかったときのほうが、本番ではいい結果が出るケースが多かったように思います。確率で言えば、強化試合が全滅なら、本番で勝つことは難しいとなるでしょう。しかし、強化試合で弱点を露呈させ、修正を加えて本番にピークを持っていったほうが予想を覆すことができるのです。一概には言えませんが、自分の経験では、女

性よりも男性のほうが、そういう力を発揮できることが多いように思います。

大事なのは、定期試験や受験を、その日に、自分がベストなコンディションで、ピークの状態で受けられること。「この子にとってのピークはいつ来るだろう」というのだけを見てあげてください。また、もし受験に失敗しても、「コツコツやらなかったからだ」「ピークに持っていけなかったからだ」などと後ろ向きに考えないことです。

中学受験の失敗を糧（かて）にして、高校受験や大学受験に向かっていくこともできます。自分を知り、力の発揮の仕方、得意な分野を学ぶこともあります。大事なのは、その力を、配分を自分で考えて活用できるようになることです。

POINT!

常にコツコツと勉強を重ねることがよいとは限らない。できるときに力任せに勉強し、ゴールにたどり着けばよい。

「良いところ」をほめて、「悪いところ」はけなさない。勉強は〝ほめ伸ばし〟が効く

▼ほめてあげると、「自分はこの科目が得意なんだ」と意識する▲

学校での順位や内申点などを気にすると、どの科目もまんべんなくできて、総合的な点数が多くなることを望んでしまいます。しかし、「全部いい点数」を望まれたら、子どもは苦しくなります。

勉強は得意科目からやっていいのです。まんべんなくできる子よりも、自分の好きな科目で自信を持つ子のほうが、後々、成功する子が多いのです。

「今後は英語ができなきゃいけないから、英語はがんばらないと」とか、「これからは理系の時代だから、数学ができないと」などと、外的な要因を勝手に考えて、子どもにその科目をやらせようとするのも避けてください。親にとっては正当な理由でも、子どもにとっては理不尽な押し付けにしか見えません。我慢して

乗り越えろ、と言われても、そううまくはいかないものです。

子どもたちにはそれぞれやりたいこと、得意なことがある。その得意なことを夢中になってやることで、ほかの人たちから頭ひとつ出ることができるのです。

■試験の結果は、点数のよいところだけほめる

子どもが特定の科目を一生懸命に勉強しようとしていたら、

「この科目を勉強しているときは、本当に楽しそうだね、好きなんだね」

と言ってあげましょう。子どもは経験が少ないので、自分の実力がわかっていないときがあります。そんなとき、いちばん身近で見ている母親から「できる」と言われれば、大きな自信になります。

模擬試験や学期末の成績が出たときなども、いい点数のときは、

「よくがんばったね、好きこそものの上手なれだね」

のように、ほめてあげると、子どもは「自分はこの科目が好きなんだ、得意なんだ」と意識して、ますますよく勉強するようになるでしょう。

模擬試験などでは、学科の点数のほかに、解答をジャンル別に分けて出来具合いを分析していることも多くあります。点数そのものが振るわないときは、その分析を種類別に見て、少しでもよいところをほめてあげます。

たとえば英語で、単語力、英訳、和訳などに分かれていて、和訳の部分の点数がよければ、「和訳の点数がいいね、得意なんだね」と言ってあげます。

どれもたいしてよくなかったとしても、いちばんいい点数のところに注目してほめてあげます。すると、ほめられたことを意識して、そこが伸びていくのです。

逆に、「ここがちっともできていない」「英語がぜんぜんダメね」などとネガティブなことばかりに目を奪われ、小言を言うと、子どもは自然とそのことに興味を失っていきます。そんな言い方はしないように気をつけてください。

人は暗示にかかりやすい。けなせば自分はダメだと思い、ほめれば自信が持てます。ただ、的確にほめないと意味がありません。**できるところを見据えて、具体的にほめる。それが「ほめ伸ばし」です。**

よいところをほめて、悪いところをけなさない。特に勉強については、親は学校や塾で息子が実際どんな勉強をしているのかよくわからないのですから、知らずに勝手なことは言わないほうがいい。言いたいことが山ほどあってもこらえて、よいところをほめると、特に思春期の多感な時期はよい方向に向かいます。

もし、大学受験で私立文系の学科を目指しているなら、数学や理科の科目はほとんどの場合、受験科目に入っていません。私立理系なら、国語や社会は受験に出ないのが普通です。これらの科目が不得意で勉強が大変だと思ったら、思い切って後回しにしていいのです。もちろん、進級できないほどの成績では困りますが、不得意な科目のために、大切な勉強時間の多くを費やすこともありません。

受験前、夏休み明けから秋にかけて、子どもたちは焦ってきます。そんなとき、「どの科目もまんべんなく勉強しないといけない」となると、大きなプレッシャーです。

「数学はほどほどの点数でいいんじゃない?」

「古文はセンター試験(2021年より大学入学共通テスト)にしか出ないから、

勉強時間は短くてもいいかもしれないね」

などと言ってあげると、気持ちが軽くなるかもしれません。

母親ならではの観察力で、思春期男子の受験期の不安を軽くして、得意な科目を大いに伸ばしてあげてください。

POINT!

けなせば自分はダメだと思い、ほめれば自信が持てる。できるところを見つけて的確にほめてあげるのが親の役割。

「勉強しなさい」は呪いの言葉。勉強は〝好きなことの実現〟のためにある

▼何のために勉強をするのか、子どもの疑問を解決する▲

定期試験も間近なのに、ゲームやSNSばかりやっていると、つい「勉強しなさい」と叱ってしまいます。「勉強しなさい」が口癖になっている親もいるでしょう。思春期男子からすれば、この「勉強しなさい」は呪いの言葉にしか聞こえません。「ウザイ」「うるせぇ」で終わってしまいます。

子どもの頃によく、「なぜ勉強しなければならないんだ?」と思いませんでしたか? そしてその答えがはっきりと出ないままに大人になっていないでしょうか。勉強しないといい学校に入れない、いい就職先がないと言われると、確かにそうかもしれませんが、思春期のあなたにはピンとこなかったと思います。

息子だって同じなのです。勉強をやらないですませようなどとは思っていない

でしょう。けれど、やらなければいけない理由がはっきりと掴めないのです。「勉強をしないといけない」を実感するには、ある程度の時間がかかります。それは、大人に向かっていくひとつのステップだからです。

好きなものを見つけられれば、勉強の意欲がわいてくる

目的意識がないのに勉強することができる子はそうそういません。息子が勉強しないのは、この先やりたいことと勉強が結びついていないからでしょう。あるいは、「この先やりたいこと」が、はっきりしていないからかもしれません。

もし、やりたいことがはっきりしていない、勉強もあまり好きではない、となれば、勉強がはかどらないのはある程度仕方がない。今は、好きなものを見つけ出す時期。親は、子どもがエネルギーを注げるものを見つけられる環境づくりをしてあげ、とりあえず毎日学校に行って授業を受けることをサポートするだけでよいのです。**「今日はどんな勉強をしてきたの？」と、軽く質問を投げかけ、子どもの頭の中を少し整理させてあげればいい。**

もし、サッカーが好き、管弦楽にのめり込んでいる、というのなら、とても有望です。好きなことをやればいい。好きなことがたまたま勉強なら勉強でもいいし、そうでなければまずは好きなことにエネルギーを傾けて、そこで尖がればいい。

尖がるためには、ただサッカーや音楽のプレイをするだけでは不足なのです。それは、のめり込めばのめり込むほどわかってくると思います。

ボールを確実に蹴ってゴールに入れるには、蹴る角度や強さが問題になります。そこで衝突の原理やボールの速度などを研究するために、物理が必要になります。海外の有力チームを知るためには、世界地図を開き、本拠地の場所を確認するために、地理を勉強するかもしれません。「そんなことしなくても、サッカーはできる」と思っているうちは、実は強くなれないのです。優秀な選手ほど、周辺知識が非常に豊かです。それは、素晴らしいプレイヤーに接すればわかることです。

海外で活躍するサッカー選手の本を読むと、彼らがいかにそういう意味で周辺知識に関する勉強を大事にしているか、よくわかります。彼らは海外に出てプレイしたいため、英語だけでなく、イタリア語やスペイン語も勉強する。数カ国語が堪能な選手はざらにいます。体を強く鍛えるために、栄養学も学ぶ。自分で料理もする。筋肉を有効に使うために保健学や体育学も学ぶ。理学療法士顔負けのストレッチやリハビリを、自分でできる選手もたくさんいます。

中高時代はあまり学校の勉強をすることはなかったかもしれませんが、海外で活躍するという夢のためには、周辺知識に関する勉強と実践を怠りません。

だから、自分の好きな分野のロールモデルになるような素晴らしい人の本を読むことをすすめてあげてください。本嫌いでも、そういう本なら読めるでしょう。そして、大いに触発されるといいのです。

「自分の好きなことを実現するためには、好きなことの周辺知識で自分を地固めするのだ」。そう実感できるようになれば、勉強に対する姿勢が変わります。「めんどくさい」「やってもしょうがない」などと単純に思うことがなくなります。漢字や計算も、最小限できていないと、夢にたどり着けないいな。そう気づけばこっちのものです。

そして、必要性を感じて学ぶ事柄は、忘れることがなく、そうした勉強をすることで、人間的にも成長します。

親は、目の前の定期試験の点数や、校内順位に目を奪われてしまうかもしれません。しかし、長い目で見れば、子どもに身につく知識とは、夢をかなえるための勉強であることが多いのです。

POINT!

やみくもに「勉強しなさい」ではなく、好きなことへの地固めだと伝える。そのために最低限の漢字や計算も必要なのだと理解させる。

「この学校に行きたい！」受験は、子どもの気持ちを優先する

▼受験期は、人生を自分で決定していく力が身につく好機▲

受験は、子どもにとっての大きな分岐点になります。どの学校を受験するかで、人生が変わることもあります。

受験校選びは多くの場合、子どもの偏差値や、学校や塾のすすめが手掛かりになります。けれども、本人の「この学校に行きたい！」という気持ちをいちばんに考えるべきです。

勉強にはモチベーションが大切です。**中でも自分の行きたい学校のために勉強することは、大きなモチベーションになります**。

公立高校や、国立大学の場合は、日程上1校しか受けられない場合が多く、もどかしく感じます。本人がレベルの高い学校に行きたくても、どうにも受かりそ

うもないときの選択は、本人にとっても親にとっても、悩みが大きいでしょう。

そんなときは、「公立に行く」と「この学校にどうしても行きたい」を分けて考えましょう。親には、授業料が安い公立に行ってほしい、という現実的な問題があります。受かりそうもないならレベルを下げてほしい、という思いは強いでしょう。しかし、それで本当にいいのか、子どもとよく話し合ってみてください。

どうしても行きたい学校のために精一杯勉強する、受からなければ、2番目に行きたい学校か親がすすめる学校に行く。子どもがこう決めているなら、親も覚悟を決めるべきでしょう。

今、高校の場合は私立でもさまざまな支援制度があり、思ったほど学校に支払うお金がかからない場合もあります。大学なら、奨学金を受け、卒業後に返していく方法も考えられます。それが大変だと思えば、自分で客観的に考えて別の候補の大学を受けることを選択するでしょう。

いずれにせよ、**大切なのは自己決定です**。受験期は、自分の人生を自分で決定していく力が身につく好機でもあります。
親はそれを重要に思い、受け入れてやる心構えを持ってほしいと思います。

POINT!

受験勉強にはモチベーションが大切。
子どもが決めたことを、親は覚悟をもって応援する。

「勉強を教える」のではなく親が〝教えてもらう〟ことで、学力は伸びる

▼余計な感情を抜きにして、親はただ質問して相槌をうつ▲

私は大学院生のときも、ハーバード大学や東京大学でも、たくさんの若者を教えてきましたが、自分の子どもだけは、マンツーマンで勉強を見てやることができませんでした。

教師として子どもに接するよりも、親の感情が優位になってしまって、教えられないのです。のみ込みが悪い、なぜここで間違えるんだと、ほかの子に対してならもっと冷静になれるところが、なれないのです。まして、教える技術や方法論を学んだことのない母親なら、ますます感情的になってしまうでしょう。

親は子どもに勉強を教えないほうがいい。不用意に怒鳴ったり、逆にできないところを見定めるのが辛くてうやむやにしたり、教わる子どものほうが冷めてし

まいます。

もし、子どもに知識を定着させたいと思うのなら、教えるのではなくて、子どもに教わってください。

子どもが今、学校でこんな勉強をやっている、という話になったら、

「お母さん、ここがわからないんだけれど、どういうこと？」

などと聞けばいいんです。難しい内容ではなくて、答えやすいことでいい。すると、子どもは、ちょうど習ったところであれば覚えているでしょうから、「それはね」と教えてくれます。教えてくれたら、**「へぇ、そうなんだ！」と、教えてもらったことであたかもわかったように答えます**。口をはさまず、子どもがしゃべるのを聞いていましょう。「うんうん、それで？」「ああ、そうか」。こういう相槌も大事です。子どもの話を引き出す言葉です。そして、ひととおり説明を聞いたら、

「ずっとあやふやに覚えていたけれど、すごくよくわかった」

といったようなことを言ってあげられればベストです。

■得意科目で教えてもらう。親は聞き役に徹する

これらは、まずはあくまで得意科目でやってあげましょう。苦手な科目だとよく答えられず、母親もイライラしてしまうかもしれません。それでは意味がありません。子どもがとうとうと話せる科目がいい。

人に教えると、知識は整理されます。習った時点ではバラバラだった知識も、教えるためには、その場で整理しなければならない。教わったことを思い出して、整理して組み立てる作業をするわけですから、知識がまとまってくる。定着するので、なかなか忘れないのです。人に教えて、「へぇ、そうなんだ、よくわかった」と言われればうれしくなって、ますます教えることが楽しくなるでしょう。これがいちばん有効な復習の方法です。

それが、親に教わっていると、ただ聞くだけですから忘れやすい。しかも、学校で習ったのと違う手法だと、かえって子どもを混乱させることになります。子どもは、「学校で習ったのと違う」などと言おうものなら面倒なことになるの

で、たとえ退屈な説明でも、「早く終わらないかな」などと思いながら、黙ってやり過ごしてしまいます。これでは知識の定着など望めません。

子どもに教えるより教われ。これは、子どもの知識を定着させるための原則です。

■先生に質問することを習慣づける

もし、子どもが親に教えられないようなら、

「えー、そうか、でもお母さん、それ知りたいからどういうことなのか、明日、学校で聞いてきてよ」

などと水を向けてみます。自分がわからないことは、教師に聞く。これを子どもに習慣づけてほしいのです。わざわざ質問するなんて、と躊躇（ちゅうちょ）する子もいるかもしれませんが、教師は、質問しにくる生徒は大歓迎です。

それに、人に質問をするのもまた、いい勉強になるのです。**質問をするには、どこがどうわからないのか、自分で理解していないといけません**。わからない部

分を整理し、聞ける状態にしなければなりません。質問する時点で、「わからない」の7割がすでに「わかる」状態になります。すごいことなのです。

先生に質問して「わかった」と思う体験ができると、次もまた質問を考えます。先生ともいい関係を築くことができ、勉強に興味を持つ大きなきっかけにもなります。

親は、子どもに教えるのではなくて、知識を整理するための、さりげない手助けをすることを主眼にしてください。

POINT!

親は「わからない」役になり、子どもの「わかる」を引き出す。子どもがわからない場合は、教師に質問に行くことで知識を定着できる。

「一日5分」リビングでの勉強から始める。うるさい場所でも集中力をつける

▼ダラダラ勉強したふりをするより、短時間でも必ず毎日やる▲

小学校4年生ぐらいになったら、毎日の勉強習慣をつけることが大切です。日々の勉強の習慣、リズムができれば、受験勉強を成功に導くことができます。リズムの基本は、一日5分。小学生なら長く勉強する必要はありません。内容は漢字でもいい、計算でもいい。何でもよいのです。ただ、平日は必ず一日5分机の前に座る。自分の部屋の机でなくても、リビングテーブルでもいい。その習慣さえきちんとできれば、あとは必要に応じて長くできます。

今の小学生を見ていると、5分も座っていられない子がいる。しかし、小学校高学年なら、通常は17～18分程度は、勉強に集中できるものです。5分の勉強に慣れ、中学受験などをする目標があるなら、一日の勉強時間を徐々に15分程度に

延ばしていくことも考えていいでしょう。

かつて、「8時だョ!全員集合」というザ・ドリフターズのお笑い番組がありました。あれを演出したディレクターはさすがです。子どもの集中力をよく捉えている。最初のコントは時間にして15~16分あります。その後、ゲストの歌やコマーシャルをやる。次のコントは7~8分。またコマーシャルや歌をはさんで、その次のコントは5~6分です。これなら集中力を切らさずに見ていられるわけです。

また、故・いかりや長介さんは、冒頭に出てきて「オイーッス!」と2回やります。1回目は、「声が小さいよぉ」と言って、もう一度返事をさせる。聴衆の意識を声を出させることで集中させるこの術もすばらしい。教師も見習わなければなりません。つまり、**小学生なら17~18分をひとつの区切りにして、勉強させる。そのための一日5分のトレーニングをする**ということです。

リビングで勉強するのは、むしろおすすめです。多少うるさいところでも集中できるようになることが、時間の制約が大きくなる大人になっても効率よく学ぶための練習にもなります。また勉強をする姿を見てくれる人がいることも、小学生にとっては励みになります。

POINT!

勉強の習慣をつけるには、短時間でもリズムを作ること。子どもの頃に得た集中力は、大学生や社会人になっても役に立つ。

「塾や家庭教師」は大いに活用する。子どもの実力や好みに合えば学力は伸びる

▼つまらないと思い込んでいた勉強を、好きになる可能性もある▲

学校の勉強がわからなくなると、塾や家庭教師の利用を考える親が多くいます。お金もかかるし、時間もかかるし、どうしようかと悩みます。

私は、塾や家庭教師の利用には、大いに賛成します。日本の教育が機能しているのは、優秀な塾と家庭教師に負う部分があると思っています。

日本の教育は公教育が中心で、全国一律でだいたい同じようなことを教えています。しかし、それではついていけない、おもしろく感じない子もいます。逆にノロノロしていて飽きてしまう。そんなときは、個人の実力や好みに合わせた教育が必要です。

今の塾は、本当に工夫しているところが多い。大手の塾であれば、授業がとて

もおもしろい名物講師を何人もそろえています。そういう先生の授業を自分で選んでカスタマイズできるのが、大手の塾の利点です。また、小さな個人塾では、子どもの実力を最大限に引き出そうと熱意をもって取り組む講師が存在します。さらに家庭教師であれば、本当にその子のオーダーメイドの教育ができるわけです。

一人の教師が数十人の生徒を教える公教育は、もちろん友達同士で切磋琢磨できるというメリットはあるものの、限界もあります。指導内容についていけない生徒であれば、なおさら個人に合わせた指導が必要になってきます。その点、自分に合った教育を選べる塾や家庭教師の存在はとても大きいと言えます。

塾にしても家庭教師にしても、親が無理やり決めてしまわないことです。子どもが必然性を感じ、しっかり勉強する気にならなければ、ただお金がかかるだけで効果が薄いものになります。親子でよく話し合った上で、部活などとの兼ね合いも問題ないという判断のもとで、決めることが大切です。

都市部であれば、塾は数多くあるので、まずは「体験授業」を受けることから始めます。塾の雰囲気、ほかの生徒の学習レベルなどをよく見て、自分に合うかどうか決めればいいのです。

近くに塾がないなら、家にいながら映像授業を受けられる塾を選択する方法もあります。添削学習を考えてもよいでしょう。

■知識が豊富でも伝え方がうまくないと勉強は身につかない

私自身、塾で教えていました。3章でお話ししたように大学を卒業して企業に勤めたのですが、3年間でやめ、大学院に通うことにしたのです。授業料や生活費は自分で稼がねばなりません。

最初は20人ぐらい生徒がいました。ところが、夏休みを過ぎる頃に、5人やめてしまいました。5人いなくなると、25%月収が減ることになります。何が悪かったのかと考えました。

その結果、「伝え方が問題だったのだろう」と思い至りました。知識に関しては自信がありましたが、その知識もわかりやすく十分に伝わらなければ意味がないし、おもしろいと思ってくれなければ、やめてしまう。

では、どうしたらいいか。しゃべり方を研究しようと思い、1週間通い詰めたのが、寄席でした。落語は、非常に高度な「伝える演芸」です。座布団の上に座って話すだけで世界観を伝え、お客を笑わせる。画像も映像もなく、効果音もありません。おもしろくないと、首が疲れ、眠くなります。

ところが、まったく飽きさせない落語家がいる。それが、当時の林家三平師匠でした。この人は、話術で人を惹きつける天才だと思いました。噺(はなし)だけではなく、「こちら半分が今日はウケてませんので、こちらのお客さん中心に」などと水を向け、観客の目線を左右に動かす。膝立ちになって上に目線を動かす。

授業でも、ただ真ん中に立って解説するだけではダメなのだと気付きました。そこで、授業中、飽きていそうな子を見つけたら、そばまで近づいていって、耳元でささやく。「これ、覚えておくといいよ」と。すると、その子はハッとして目が覚め、ほかの子も目線が変わるので飽きません。

こうして動くようになったら、塾は大繁盛しました。以来、「伝え方」について、さまざまな研究をしました。自分の話し方を客観的に捉えるために、ＩＣレコーダーをポケットに入れて録音し、あとで聞くこともよくしました。教えるということは、「きちんと楽しく伝える」ことを突き詰めることだと思い至りました。

ですから、塾や家庭教師を選ぶときも、聞きやすいか、飽きないかどうかで探すといいでしょう。いい伝え方をしてくれるところは、勉強が身につきます。

POINT!

子どもが自分に合った塾や家庭教師を選べるよう、親は支援する。伝え方が上手で、興味を持つような教え方ができるところを選ぶ。

中学生以降の「勉強のスケジュール」は1週間単位で立て、日曜日は予定を入れない

▼勉強はなかなか予定通りに進まない。だから日曜日は調整日▲

中学生になると、定期試験前には試験勉強のスケジュールを立てることが必要になります。小学校5年生以上で中学受験をする場合にも、同様に受験のための勉強スケジュールを立てることが必要になります。勉強の計画は、1週間単位で立てることをすすめています。たとえば、定期試験2週間前なら一日3時間の勉強、1週間前なら一日5時間の勉強、というふうに。そして、必ず日曜日は休みにします。

勉強は、なかなか予定通りに進まないもの。計算でつまずけば、30分ぐらいすぐにたちます。英語の構文がわからなくて調べているうちにそれだけで1時間かかることもあります。そんなとき、日曜日も含めたぎりぎりのスケジュールを立

てしまうと、計画通りにいかない内容がどんどん増え、日曜日も一日中勉強しなければならず、ストレスになります。休息がとれず、健康を害する原因にもなります。

だからこそ、日曜日は予定を入れないように計画します。あふれた内容を片付ける調整日にするのです。そうすれば、**1週間分がきれいに終わり、精神的にも肉体的にもラクになります**。あふれた分をやって余った時間は休息。もちろん、平日の勉強がスケジュール通りに終わっていれば、日曜日はまる一日休むこともできます。

私自身、大学受験のときは、このような方法をとっていました。できるだけ平日に勉強を終わらせてしまい、日曜日は好きな卓球をやって過ごし、リフレッシュしていました。勉強が忙しければ忙しいほど、リフレッシュの時間が大事になります。当時、一日11時間勉強していたので、週に一日くらいはゆっくりしたかったのです。

11時間といっても、ずっと机に向かっていたわけではありません。ジョギングしながらでも、電車の中でも勉強はできます。電車の中で英語のヒヤリングをやり、歩いている間に英語の熟語を覚えればいいのです。

スケジュール通りに勉強がこなせるようになると、自己管理能力そのものが強化され、ますます勉強がうまくいきます。

POINT!

平日の勉強であふれた内容を日曜日にこなし、次の1週間に向かう。予定通りに勉強が終われば、一日休んでリフレッシュできる。

「勉強より部活」を優先するときもある。どちらもカンペキを求めない

▼悩んでいるとき、中途半端な気持ちで勉強する必要はない▲

「大事な部活の試合があるから、今度の定期試験の勉強はあまりできそうもない」

そんなふうに息子に言われたら、親はつい、「勉強第一よ。試験勉強はちゃんとやらなきゃダメ！」と叫んだりしていませんか？

しかし、頭ごなしにこう叫べば、思春期男子は怒りに任せてドアをバン！と閉めて部屋にこもってしまうかもしれません。**勉強しなければいけないことは、子どもがいちばんよくわかっているはずです**。でも、この大事な試合を捨てるわけにはいきません。どちらも均等にがんばることなんてできないから、困っているのです。

こんなとき、子どもの人生にとって、どう捉えるのがいいかをもう一度考え直すべきです。大事な試合のために精一杯練習しなければ、きっと後悔します。仲間たちとの人間関係も変わってしまうかもしれません。ここは、思い切ってやらせてあげるほうがいい。勉強は、通学の電車の中や、食事の前などのちょっとした時間に集中してやることもできます。

あるいは、一日に漢字と英単語と計算の小テストが3つも重なってしまった。どれもやりたいけれど、カンペキにはできそうもない。こんなときも、夜も寝ないでがんばらせるのはやめましょう。

成長期の子どもにとって、睡眠はとても大事です。6～7時間は最低でも眠らせることを優先したいものです。徹夜でテスト勉強をして、午後の授業が爆睡では、結局、次の試験でいい点数が取れません。

■今すぐ必要でないことは後回しにしていい

子どもは子どもなりの事情で一日の24時間は全部埋まっています。そこに何か新しいことを加えるには、何かを削除しなければなりません。スクラップ・アンド・ビルドです。

たとえば海外で生活している子どもたちは、日本語を忘れないために、学校のほかに、土曜日に日本語の補習校に行き、現地の言葉と日本語を習得しようとするのが一般的な姿です。息子にとってこの土曜日の漢字の勉強がとても負担でした。現地校の勉強でも宿題があり、両方をこなしきれません。こんな場合には、何かをスクラップしなければ、「虻蜂(あぶはち)取らず」になってしまいます。私は、

「漢字は書けなくていいよ。読めればいい。これからはパソコンの時代だから、読み方さえわかってキーボードを押せば、漢字は出てくると開き直りなさい」

とアドバイスしたことがあります。そして補習校の先生に、お願いをしに行きました。

「今、彼の身の上にさまざまなことが重なって、漢字の書き取りがなかなかできない。できないことがわかっていて、とてもナーバスになっている。少しの間、書き取りの宿題を免除してやってくれませんか?」

補習校の先生も承諾してくれて、息子もほっとしたようです。しばらくすると、気持ちが落ち着いたのか、時間配分がうまくなったのか、書き取りの宿題をする時間もとれるようになり、漢字も書けるようになっていきました。

■子どもたちは多忙。オーバーワークをほぐしてあげる

子どもが精神的に、肉体的に大変なとき、すべてをカンペキに全部こなさなければいけないという態度はやめましょう。**子どもはテンパってしまうし、思春期なら感情を爆発させて、抑えられなくなることもあります**。その体験が、勉強に対する価値観全体に影響してきて、その後の勉強への取り組みも変わってきてしまうかもしれない。

そうなる前に、親が了承してあげてください。それは、日ごろの子どもの様子をよく見ている親にしかできないことです。今は、あれこれ詰め込むのは無理だから、部活に集中させてやる。小テストが重なっているときに、体調がすごく悪い。それなら1回ぐらいひどい点数でもいい。

そういう特殊事情がわかっているのは親だけなのだから、対応してあげましょう。ひとつ大変な山を越えれば、また勉強に向かっていけることは多いものです。その後ダラダラして、部活も一生懸命にやらず、睡眠もとらないようなら、一言ビシッとしめる必要はありますが、まずは容認することも大切です。

子どもたちは、学校の勉強だけでなく、部活や友達との付き合い、そして塾と、意外に多忙です。まずは健全な体や心を保つことを優先し、親の裁量で子どものオーバーワークをほぐしてあげることです。

POINT!

今いちばんがんばるべきことを優先させ、さほど影響のない勉強は免除する。それができるのは、日ごろから子どもをよく観察している親だけ。

「うちの子は本を読まない」と嘆く前に親が楽しそうに本を読む姿を見せる

▼本を読むことは楽しいこと。知識より、想像力や夢をかきたてる▲

「本を読む子は勉強ができる」という先入観は、誰しも持ちやすいものです。確かに本を読む子は知識が豊富ですし、想像力も育ちます。なんとかして本を読む子に育てたいという気持ちもわかります。

実は、私は小さい頃はあまり本を読みませんでした。わが家は商家で、本に縁のある家ではなく、上の兄弟もほとんど本を読まなかったのです。家を見回しても、本は1冊もありませんでした。

私がはじめて本に触れたのは、中学校1年生のとき。課題で厚い文学作品を読まされて、難行苦行だった覚えがあります。本を読むこと自体に慣れていませんでした。

その後、自分ではじめて『坊っちゃん』を選んで買って読み、ハマって、以後読書漬けになりました。こんなおもしろいものに、小さい頃に触れられなかったことを後悔し、**私の子どもたちにはできるだけ本に触れる機会を作りました。**

乳児のときは、眠る前に一緒に横になって、話を聞かせてやりました。ある程度物語がわかるようになってからは、絵本を買いそろえ、好きなものを持ってこさせて、あぐらをかいて、脚の間に座らせます。そして、絵本のお話を説明しながら、また声色を変えながら読んで聞かせます。

子どもたちは自然にひらがなを覚え、指をさして自分で読み始めます。何度も繰り返しているうちに、文章を全部記憶する。子どもはそういう記憶力がすばらしくいいのです。

読むほうも、擬態語とか擬音語を、おもしろく発音します。「のっしのっし!」「ちょこちょこちょこっ!」など。ますますよく覚えるようになります。笑いが漏れて、楽しそうにしています。

文字がだいぶわかるようになったら、わざと間違えて読むこともしました。す

ると、笑い出す。そういうことを長く繰り返しているうちに、すっかり息子二人とも、本好きに育ちました。

子どもたちが小学生の頃はアメリカに住んでいました。当時は2カ月に1回、ニューヨークまで車で走り、現地の紀伊國屋書店で20ドルずつ渡して好きな本を買わせました。すると、計算しながらあれこれ楽しそうに選んでいたのを覚えています。

選んでくる本は、コミックが多かった。当時ですから、『キャプテン翼』や「こち亀」（『こちら葛飾区亀有公園前派出所』）です。でも、彼らの選んだものに、一切意見は言いません。

彼らは大好きなコミックで、日本語を覚えました。アメリカにいると日本語に触れる機会も少ないので、スラングも含めて日本語に出合うには、コミックはちょうどよかったのです。

■大切なのは、本を読みたくなるような環境づくり

こう考えると、子どもが小さい頃に本に親しめるかどうかは、家庭環境の影響が大きい。私の場合はまったく本を読む環境ではなかったので、中学生になるまで、ろくに本を読んだことがなかった。その後、本を好きになりましたが、そうでない人はたくさんいると思います。

ただ、これらのことも、親が「子どもに本を読ませるためにやっている」のでは、子どもは本好きになりません。わが家の場合も含めて、親が楽しそうに本を読む姿を見せることで、「本を読むことは楽しいんだ」と子どもが自然に思うようになるのでしょう。

親が週末ごとにスポーツに親しんで、子どもを連れてみんなで楽しんでいるような家では、子どもがスポーツ好きになる傾向が強いのと同じです。

親が本好きで、食卓の端にいつも本が積んであるような家では、自然と子どもが本を手に取る機会は増えていきます。

子どもを読書好きにさせたければ、まず母親が心の底から本を読むのが楽しい、と思うようになってください。そして、どうおもしろかったかを、子どもにわかるように伝えられればベストです。

また、子どもに自分で本を選ばせることも大切です。自分が選んだ本なら、一生懸命に読みます。人に「読みなさい」と言われた本は、いくらいい本であっても、なんとなく押し付けられたような気がするのは当然でしょう。

本を読むことは勉強ではなく、娯楽です。「楽しいから読む」ことこそ、本好きと言える。知識より、想像力や夢をかきたてるツールだと捉えて、本を与えてほしいものです。

POINT!

本を読むことが楽しい、という思いは親が本を読む姿から感じる。その楽しさを伝え合うような食卓での会話ができればベスト。

「課題提出」は、終わっていなくても期日を守ることの大切さを教える

▼一つ一つの約束を守っていくことが信頼につながり、自信につながる▲

勉強をカンペキにこなすことはできない、だから、今すぐ必要でない勉強は後回しにしてもいい、と言いました。しかし、課題提出の期日を守ることだけは、必須です。

小学校の頃から、課題提出日はついて回ります。夏休みの宿題は、2学期が始まる日には必ず持っていかねばならない。作文の宿題、美術の作品提出……。中学以降になれば、各科目の教師が、授業で学んだことの復習としての課題提出を求めることが多くなります。この課題提出だけはきちんと守ってください。

課題提出は、当然ながら成績に影響します。教師の中には、学期ごとの試験より、学期中に数回ある課題提出のほうを成績に大きく影響させる人もいます。試

験は、そのときそのときの勉強の仕方で点数が左右されますが、**課題提出はコンスタントに出すわけですから、その子の力量や努力の度合が試験よりも確実にわかる**と考えている教師も多いのです。また、課題提出自体が復習になっているわけですから、きちんと出さなければ復習ができず、試験の成績にも影響することになります。

こうした学習面の影響だけで、言っているのではありません。課題提出の期日を守ることは、教師との約束事を守る、ということです。これこそが、勉強にも、社会生活にも必要な大事なことです。一つ一つの約束を守っていくことが信頼につながり、自信につながる。それを子どもにわからせましょう。きちんと出していないようなら、学校から親あてに連絡がある場合も考えられます。もしそんなことがあれば、課題提出日について子どもから聞き出し、多少なりとも親が管理することも大切です。

「まだ終わってないから出せない」と子どもが言っても、とにかく期日に出すようにと、きっぱりと命じます。終わることより、期日に出すことのほうが大事です。それを恥ずかしいと思うようなら有望。そのうちきちんと出せるようになります。

親の毅然とした態度は、こんなときこそ重要なのです。

POINT!

できていなくても、課題は決められた日に提出する。約束事を守らせるのは重要な家庭教育のひとつ。後々の人生にも役立つ。

読書は文学作品でなくてもいい。「コミックやラノベ」をあなどらない

▼ヘタな小説以上に感動的なものも多く、思春期男子を刺激してくれる▲

「本を読む子にさせたい」

というのは、親の願いです。そんなとき、学校の夏休みの読書課題に出るような推薦図書や、有名な文学作品や科学の謎を解くような本を想定するでしょう。

一方で、コミックやラノベ（ライトノベル。アニメ風の表紙や挿絵で読みやすいものが多い）ばかり読んでいる息子を不甲斐なく思う親は多いようです。

しかし、コミックやラノベをあなどるなかれ、です。人気小説よりよほど感動でき、文学的にもすばらしいものがたくさんあります。

日本のコミックやアニメは、日本で想像する以上に、世界で愛されています。アート作品のように受け止められているものもあり、これだけ世界で支持されて

いるのには、理由があるわけです。**日本のアニメは、本当によくできている。子どもたちはそれを、肌で感じています。**

文字を追っていくことは、想像力をかきたてて心が躍ります。それが本の楽しみとも言えるでしょう。

しかし、言葉ではなく、ビジュアルで伝えるものにも、すばらしいものがあります。もしかしたら今の社会は、文字だけでは表現しきれないぐらい多様化しているのかもしれません。文字にビジュアルがつくことで、メッセージがより正確に定着するのです。

ライトノベル、通称ラノベは、文学好きの母親から見れば、取るに足りないものという思いを持つかもしれません。ライトノベルは定義があいまいで、中にアニメ風の挿絵が入っていればライトノベル、と思われてしまうものもあります。しかし、数々の文学作品を生み出したベテラン作家が書いている場合もあります。子どもたちの間で、「あのラノベはいいよ」と評価されるものは、それなりにいい作品の場合が多いようです。

むしろ子どもがなぜその本に惹かれるのか、興味を持ってながめることが、新しい時代を知る鍵にもなります。

POINT!

「コミックやラノベは、文学作品よりも低俗だ」というのは、大人世代の思い込み。時代の空気を子どもの読んでいる本から探ろう。

5章

心配しなくていい！学校生活、友達への目の配り方

親は子どもの前で「先生の悪口」を絶対に言ってはいけない

▼子どもの受け売りや噂話だけで、先生を単純に評価しない▲

家では、勉強を教えられないのだから、教育は学校や塾などに任せるべき。そうなると、先生の教え方が気になるかもしれません。特に、英語や数学など、つまずくとわからなくなりがちな教科については、先生がどんな授業をしているのか気になるでしょう。

また、子どもは子どもなりに、**先生の教える技術、あるいは先生の学力・知識について評価しています**。家でも、「あの先生は教え方がヘタ」「授業が退屈で眠くなる」などと言うことがあります。

それを聞くと、親は、先生のせいで勉強がわからなくなるのではないかと心配になるかもしれません。

しかし、子どもの言葉に同調したり、親のほうから悪口を言ったりするのは避けます。親も「そうなんだ、教え方がヘタじゃいやになっちゃうよね」などと言うと、子どものその先生の評価はますます悪いものになり、授業そのものがもっと憂鬱(ゆううつ)になります。

そんなときは、さりげなく、

「そう？　先生とウマが合わないっていうことなのかもしれないよ」

という言い方をします。

学校は、子どもたちにとって、生活の大きな部分を占める世界です。その世界を親が否定すべきではありません。特に、担任の先生についての厳しいコメントや、あるかないかわからないような噂話を子どもに語るのは、大人げない。毎日を支えてくれる先生を批判し、悪者にしても、いいことはひとつもありません。

そんなことよりも、

「じゃ、もしあなたがその授業をするとしたら、どんなふうにする？　授業中、『自分だったらこれはこう教える』って考えてみたら？　そうすれば授業中退屈するなんてこともないし、教えてもらったことが身につくよ」と言ってあげるのです。

親は、子どもからも先生からも、中立の立場でいるのがいい。できるだけさりげなく、話してあげてください。退屈だと思いながら授業の時間を過ごすのは苦痛ですから。

■赤点をつける先生は、生徒にわかってほしいという気持ちが強い

また、厳しいと感じる先生について、子どもがグチを言うことがあります。

「ちゃんと勉強したつもりなのに、成績を低くつける」「落第点をつけて補習を義務付けてウザイ」などと。親も、そんな調子なら内申点が悪くなって、受験に不利になるのでは、と心配するかもしれません。が、私は厳しい先生のほうがいい、と思っています。

もちろん、ただ赤点を出すだけではありません。赤点は「現時点では、授業をきちんと理解できていない」という印です。

理解できるよう宿題を出し、提出した内容をよく吟味して本人に戻す。さらに理解できていない部分は説明をする。あるいは、長い休みや放課後に補講をする。生徒を引き上げようとさまざまな工夫をします。

特に、数学や英語については、積み重ねが必要な科目ですから熱心に聞かない生徒は、どんどん先に進んでいってしまうと、つまずいたところからまったく理解できなくなります。厳しい先生は、それがわかっているから厳しくする。つまずかせて、補習して、本当の意味で身につく教育をするのです。

学校によっては、英単語や計算問題などの小テストをたくさんするところもあります。**小テストが多いと、子どもたちは家での勉強が多くて大変ですが、いやいやでもやっているうちに力がついてくる**。先生にとっても小テストは、採点に多くの時間を使うことになるので大変なエネルギーを必要とします。

「あの先生が英語の小テストをたくさんやってくれたから、望む大学に合格できた」と、あとから感謝する生徒も多いのです。

自分で復習ができる子なら放っておいてもいいのですが、あまり復習しない子なら、小テストをやってくれるほうが親切とも言えます。

子どもたちは、簡単に進級させてくれる先生を好む傾向にあります。しかし、大人になってみると、厳しいけれどいつも生徒たちを思い、叱咤激励してくれる先生を強く思い出すものです。

「厳しい」「厳しくない」という視点だけでなく、生徒を思う気持ちの強さはどうなのかという視点で先生を見る必要があります。

POINT!

教え方がヘタなのではなく、ウマが合わないだけ、と伝えよう。厳しい先生を敬遠するのではなく、知識を授けてくれてありがたいと思おう。

「勉強しないから部活をやめさせる」は逆効果。時間のやりくりを学ぶチャンス

▼部活をがんばる子は総じていい結果を生む▲

「勉強しないから部活をやめさせる」ことはナンセンスです。そういうとき、私が親に言う言葉は、ただひとつ。

「やめたって、成績は上がりませんよ」

やめたからといって、その時間、しっかり勉強するかといったら、そんなことはない。ダラダラと過ごす時間が増えるだけです。部活をすることで、必然的に時間のやりくりをしないといけなくなるため、自然に時間管理能力がつき、**限られた時間をやりくりして、集中して勉強ができる生徒も多いのです。**

そもそも、学校に行く理由は何か。ひとつは授業で学力をつける、もうひとつは人間関係を学ぶこと。そして、学校で人間関係を学ぶ場として筆頭に挙がるの

が、課外活動、部活です。部活では、同級生だけでなく、先輩や後輩と付き合います。兄弟が少ない昨今では、先輩や後輩など、異年齢同士が関わる機会もまた少ない。

部活は、異年齢の人間関係を学ぶよい機会です。先輩からは、勉強の仕方から友達との付き合い方、恋愛の仕方まで、教えてもらうことができる。すばらしい先輩は、近い将来のロールモデルでもあります。しかし先輩が後輩を威圧するような部活は避けましょう。先輩がどれだけ後輩の面倒見がよいかは、学校の文化、校風を評価する上で大きな要素だと思います。

部活では、生涯にわたって付き合えるいい友人を得ることも多いでしょう。同じ目標を持つ同志だからこそ、腹を割って付き合え、言い合える。社会人になってからは得られない、利害のない信じ合える関係を築くことができます。課外活動がないアメリカなどでは得られない貴重な体験が、心の知能指数を上げるとも言われます。

親は、この体験が子どもに与える好影響をもっと大事にすべきでしょう。知育だけが、教育ではありません。事実、海外の学校では、日本の部活が与えるすばらしい影響について、研究をするところが増えてきました。宿題漬けの中国や韓国では、有識者が非常に熱心に、課外活動の勉強への好影響を語っています。

POINT!

知育だけが学校教育ではない。部活は人間関係を学ぶことができ、時間管理もうまくできるようになる。

「子どもがいじめられていないか？」心配でも、親はすぐに相手を非難しない

▼いじめは「ある」という前提で、どう対処するかを考える▲

私たち教育者は、集団生活において、いじめがないよう、最善を尽くしています。文部科学省の指導もあり、年に2回、生徒全員にアンケートをとり、いじめていないか、いじめを受けていないか、またいじめを目撃していないか、調査しています。全部匿名で、安心して書けるようにし、もし話したいことがあれば、自分の出席番号を書けば相談もできるようにしています。

今は、ＳＮＳで生徒同士がコミュニケーションをとるので、教師側から生徒たちの人間関係が見えないことが多くなりました。このようなアンケートが、生徒を知る大切な手立てになっています。

しかし、どのように対策をし、予防をしても、いじめはなくなるものではあり

ません。大人の世界でも、ハラスメント、いじめや嫌がらせのようなことは存在します。子どもの世界は、ある意味大人の世界の縮図でもあり、大人の世界の一部が拡大再生産されているとも言えます。

学校生活のよいところは、適切な学習ができるということと、集団でのコミュニケーションができるということです。しかし、学習においては、今や家でもeラーニングができることを考えると、学校教育で最重要なのは、社会性をきちんと育む、社会性の涵養（かんよう）ということです。**集団で過ごせば、そこにいじめというファクターがまったくない、ということは考えられません。**

だから、いじめは「ある」という前提のもと、子どもたちを送り出し、どう対処するかを考えていくことが重要です。

■子どもたちは、いじめを隠そうとする

子どもは、自分がいじめられていることを、ひたすら隠そうとします。いじめが自分の子どもに起こっているかどうか、わかりにくい状態です。しかし、親が

注意して子どもを見ていれば、気付くものです。私は保護者にこのように言っています。「朝、学校に行くのが楽しげでなければ、必ず相談してください」と。また、顔つき、体調、帰ってきたときの様子や服装の汚れもチェックします。なんとなく元気がない、というのもひとつのサインです。

心配だ、と思ったとき、子どもに「いじめられていない？」とストレートに聞くと、「そんなことはない」と言ってしまう子は多い。そして、一度「違う」と言ってしまうと、なかなか本当のことを言い出せなくなってしまいます。

「最近、朝起きるのがちょっと遅いね」

などと、少しずつ水を向けていきます。

「○○くんとは、最近連絡とってないの？」

と、家事のついでにさりげなく聞くふりをしたほうがいいでしょう。

仲の良かった友達とうまくいかなくなるのは、本人にとっても親にとってもつらいもの。しかし、人間関係は時とともに変化します。仲のいい友達ができる分、別れもある。ある意味、その繰り返しです。ウマの合わない人とは、どうやっても合いません。「お友達みんなと仲良く」というような幻想は抱かないほうがいいのです。

友達と仲たがいしたことを親が如実に悲しむと、子どもは、ますます親に言えなくなります。あくまで平常心で子どもの話を聞くことです。ここぞとばかりに親の懐（ふところ）の深さを発揮してほしいと思います。

また、身体的暴力を受けていないかどうかも、チェックします。男の子は思春期になると、母親と一緒にお風呂に入ることもなくなり、子どものアザや傷を見つけにくいのが現状です。着替えをしているとき、薄着になっているときなどによく体を見てください。心配なら、父親に頼んで、体を見てもらいます。

■「あなたを守る」という親の意思表示が大切

子どもがいじめられていると思うとかわいそうでならず、いじめている子の家に電話をかけて、抗議する親がいると聞きます。特に、小学生の場合によく見られます。

しかし、思いとどまってください。子どもたちの問題に、親が相手を非難する形で解決に出てくると、いいことはありません。相手の子どもにも親にもいいイメージは持たれず、かえって子どもが窮地に立たされることがあります。

基本的に、思春期以降は親は観察という形で子どもの人間関係に関わるのです。観察し、いじめがある、という確信があったときにも冷静に。まずは「親として、あなたを守る」と、本人にしっかりと伝えます。

しかし、すぐに直接的な行動に出るのはやめ、本人の意向を聞き、その上で、第三者に相談します。学校、カウンセラーなどに相談するのがいいでしょう。いきなり当事者に親が立ち向かうことは避けましょう。ただし、命に関わるような緊急事態なら、この範疇（はんちゅう）にはありません。

子どもが社会の中でとる行動は、実は子どもが生きてきた人生の、親との関わり方の縮図のようなものです。親のある部分の鏡のようなものでもあります。

ですから、子どもがいじめられていると感じたとき、自分と子どもとの関係も振り返り、子どもがいじめられる要素を自分が作っていないか、考えてみてください。

また、子どもには、できるだけ素直に話せる空気を作ることです。**友達を非難しないこと、自分の子を詰問しないこと。**あたたかいお茶やお菓子を用意し、感情的にならず、「へえ、そうなの」と、穏やかに聞くのが理想的です。いじめはないのがいちばんいい。しかし、あるのなら、それを糧に成長できるような環境を作らなければなりません。

子どもたちの強さを引き出し、教育するのが親や学校の務めです。

POINT!

いじめの原因がどこにあるのか？　子どもがいじめられる要素を、親が作っていないか？　親自身も振り返って考えてみる。

女の子と性的関係になることも。「子どもだけは作らない」と約束させる

▼自分だけでなく、相手に大きな負担を強いるとよく言い聞かせる▲

思春期の頃は、その名の通り、親離れして誰かを好きになる時期と重なります。性的な意味でも異性を欲し、なんとか性交をしたいと考える男の子もいます。むしろ、それが正常な発達です。精通が始まれば、女性を妊娠させることができます。それだけはしてはならないことだと、よく話し合ってください。

ですが、「子どもができたらヤバい！」と思うのは、自分の立場を中心に考えているのかもしれません。しかし、本当に大変なのは女性のほうです。体への負担が大きく、人生が大きく変わります。もし、話し合った上で堕胎するとなると、以後の妊娠にも影響することが多々あります。思春期男子が、たいした準備もなく、性交を夢見た結果として起こしたことが、相手の人生を変える

などということがあってはならないのだと、よくよく話して聞かせてください。

具体的には、コンドームを使うことを教えることになります。となると、母親には言いにくいことなので、父親の力を借りるのもいい。父親から、具体的な使い方の手順を伝えるのも、ある程度の年齢になれば必要です。

ほかに避妊の方法があっても、コンドームを使うことがいちばん避妊の確率が高いことも教えます。日本のコンドームの品質は世界一だと言われます。それでも、妊娠してしまう可能性はゼロではないことも、家族が伝えなくてはなりません。

学校によっては保健の授業で教えることがあるようですが、必須ではありません。言いにくいことかもしれませんが、わが子が道を誤らないよう、ぜひとも家庭教育でもこうした話をしてほしいと思います。

■親は恥ずかしがらず、コンドームについて正確に伝える

また、コンドームは病気から自分を守る道具だということも伝えるべきです。

HIVをはじめ、梅毒などの性病を防ぐ方法でもあります。また、肝炎なども粘液や血液による感染経路が普通なので、肝炎キャリアの人と性交をするときには、コンドームを使うことが予防の基本となっています。避妊だけなら、女性がピルを使うことも考えられますが、病気は防げません。高校生ぐらいになると、街で客引きから誘われ、ファッションヘルスなどではじめて体験するということも起きてきます。かつて大学生でこうした体験によって、HIVに感染したのではないかとひとり合点し、パニックになったという話も聞きました。昨今はHIVウイルスで死に至ることは少なくなりました。一生薬を飲み続けなくてはなりませんが、子どもは作ることができます。ただ、胎児への感染を防ぐために精子を特別に処理したり、体外受精をする必要があります。

好奇心や快楽を得ることの代償として、性病や妊娠が厳然としてあることを、子どもたちに知らせなければなりません。

性教育をし、コンドームを与えることは、かえって男子の性衝動を煽るだけだという意見もありますが、思春期の生徒たちに届くようなリアルで実践的な性教育を施すと、妊娠率も性病感染率も劇的に下がるという報告もあります。
学校教育でも、この分野を確立しなければならないと思っているところです。

POINT!

避妊にも性病などの感染予防にもコンドームが必要なことを伝える。父親から、使い方も含めて具体的に教えてもらうとよい。

「生徒会役員」「部活の部長」「応援団長」リーダーになることを求めすぎない

▼自分らしいポジションを自分で決めて、貢献すればいい▲

学校生活の中でリーダーになることを、親はつい求めてしまいます。生徒会の役員に立候補する、部活なら部長になる。応援団長なども、望まれるリーダーです。こうしたリーダーをやったことが受験にも役立つ、というのが定説です。推薦入学などでは余計に、こうしたリーダー体質の子を求めるところがあります。

そうすると親は、

「生徒会の役員に立候補しなさい。内申点がよくなるわよ」

などとつい、言ってしまいます。しかしこれは、大人の押し付けでしかありません。

こうした集団では、それぞれが自分の持ち味を生かして活動するものです。全体をひっぱって統率するのが得意な生徒もいれば、目立たないところで貢献する生徒もいる。自ずと住みやすいところに収まっていく。「応援団長にはなりたくない、図書委員がいい」などと言うと、「なんだ、小さくまとまっているな」などと思ってしまうかもしれませんが、図書の貸し出しの面倒を見て、自分は好きな本をたっぷり読める、その環境に居心地のよさを感じる、という生徒もいて、地味ながら、すばらしい仕事をします。

そうしたポジショニングは、生徒に任せるのがいい。**先生や親が采配をふるうと、やりたくない役目をいやいやすることになります**。すると、よい体験も得られない。学ぶことも少なく、それこそ、役目を果たしたとしても、受験の面接などで語れるものがない、ということにもなります。

また、リーダーになるには、「この集団が好きだからリーダーになりたい」と思うわけで、よい集団づくりが欠かせません。生徒が自主的に作り上げた集団は生徒がリーダーとしていきいきと活動できる理想的な集団です。子どもがリーダーになりたくないのは、集団の在り方自体に賛同できない場合も多いのです。親も、たとえば、自治会の役員になってくださいと言われても、自治会の雰囲気がいやであれば、断りたくなるものです。子どもがリーダーになりたがらないのには理由があるのです。その気持ちを理解してあげましょう。

POINT!

性格や立場に合わせた役割を自分で選ぶことが大切。
賛同できない集団で、無理やりリーダーになることはない。

友達を「悪い仲間」だと思っても子どもの前ではけなさない

▼家に来てもらって実際に接してみれば、意外にいい子かもしれない▲

学生時代は、友達の影響を色濃く受けます。だからこそ、親が納得できるいい子と付き合ってほしいと思うものです。

ところが、見た目や態度からして心配な友達がいる場合があります。母親は息子に、「あの子と付き合って大丈夫なの？」などとつい言ってしまいます。

そんなとき、子どもはどうしていますか？　黙って口をきかなくなるか、怒りを爆発させるか。いずれにしても、母親に従うことはないでしょう。

子どもの友達を悪く言うのはご法度です。特に、話したこともないのに、外見や噂だけでコメントするようなことは厳禁です。思春期にいちばん大事なのは友達。子ども側から見れば、親よりも教師よりも信頼できると思っています。気になるのなら、一度その友達と話してみればいいのです。家に連れてこさせましょう。

これまでの友達と同じようにもてなし、少し話もしてみます。外見が金髪にピアスだったとしても、実際に接してみれば意外にいい子だというケースも数多くあります。**子どもが大勢の中から選んで付き合おうと思った子なのですから、付き合う理由はあるはずです**。また、家に何度も来ているうちに、特別な親近感を抱き、家族とも自然とやわらかな関係になることもよくあります。

クラスメイトであれば、学校の先生の観察はどうなのか、聞いてみるのも一考です。情報は多いほうがいい。自分の観察と先生の観察を合わせて判断します。

ただ、子どもは一時期、不良っぽさに憧れて人が変わったようになることがあります。連れてくる子の質が変わったときは注意したほうがいい。よく付き合ってみてもその子が自分の息子にはふさわしくないと思ったら、父親や先生とも相談して、本人の変化の理由などを聞いてみるべきです。

特に、学校外で知り合う友達については、注意が必要です。学校生活に悩みや不満を抱えていて、外に逃げ道を探している場合もあります。子どもが楽しそうに学校に行っているかどうかが、判断の鍵です。登校時や下校時の表情や疲れ具合もチェックし、人間関係を知る手立てにしたいものです。

■同性同士の場合は、LGBTの知識も与えておく

もうひとつ、同性の友達関係で、最近は考えておかなければならないことがあります。世の中ではLGBT*の人たちが、自らを表現する時代になりました。それはとても良いことだと思います。アメリカでは中学生もカミングアウトするほどオープンになってきています。しかし、ハッキリとは公に言えず、思いを秘めている人もいます。

中学生、高校生になると、生徒だけで旅行に行くケースも増えてきます。息子はなんの疑問も持たずに二人で宿に泊まったものの、友達からカミングアウトされたらどうするでしょうか？　なかなか親は介入できない部分ではありますが、体験したくない出来事が起きてしまうのは防がなくてはなりません。

中高生だと性的嗜好が確定していないことも多く、一過性のこともあります。

しかし、2015年にはLGBT層に該当する人は7・6%と算出されました。2012年には同様の調査で5・2%だったことを考えると、決して少ない数ではありません（電通ダイバーシティ・ラボ「LGBT調査2015」）。

食卓の会話で、「LGBTって知ってる?」などと話題にのせ、最近は中高生でも自分がLGBTだと意識している子が多いこと、男性同士でも惹かれ合うことがあることも、一般知識として与えておきましょう。

そして、嫌悪するのではなく、自分はどういう立場で彼らと接していくのか、考える機会を与えます。

また、自分の息子がセクシュアル・マイノリティである可能性もないわけではありません。そんなとき、息子を傷つける言動をすることは避けたいもの。話をする前に、「もし息子がそうだったら」、という想定を一度しておき、話し始めることが大切です。息子の世代では、「あいつはトランスジェンダーだ」というような会話が、普通に行われているのかもしれません。そうした傾向を知る上でも、一度話しておくといいのです。

＊ＬＧＢＴ：レズビアン（女性に惹かれる女性）、ゲイ（男性に惹かれる男性）、バイ・セクシュアル（両性愛者）、トランスジェンダー（性同一性障害）の頭文字を取った総称。セクシュアル・マイノリティ（性的少数者）の総称のひとつ。個々人のセクシュアリティは、①身体の性、②心の性、③好きになる性の組み合わせでできているので多様性がある。

POINT!

子どもの友達が悪い仲間かどうか心配なら、まず家に来てもらって歓迎する。学校以外で知り合った友達の場合は、注意して観察する。

「アルバイト」は否定しない。お金の価値観を身につけ、成長する

▼社会勉強のチャンス。貯金の習慣も身につくといい▲

高校生になると、アルバイトに興味を持つ子がいます。実際にアルバイトをしている子が楽しそうに見えることがきっかけなのでしょう。

いわゆる進学校では、アルバイトをしている子はあまりいないはずです。学業や部活が忙しく、アルバイトをしている暇がないのが現状です。しかし、家庭の事情が変わり、高校生も働くことが必要になる場合もあります。開成では、アルバイトは禁止していません。家の事情で働くことが必要なら、この時期に生きる力を身につける意味でも、禁止する必然性はありません。

ただ、これまでより忙しくなることは事実です。いつも通りの学習や生活をしていたら、24時間では収まらなくなります。生きる力をつけるとともに、時間を

どう組み合わせて使っていくか、何をやって何を捨てるかを考え、実践していかなくてはなりません。洗濯機をボーッと見ながら洗濯するようでは、家事はこなせないのと同じです。限られた時間で、いくつもの仕事をこなせるようなスキルを身につけないといけません。

アルバイトのよさは、お金の価値観が身につくことです。**普段、親が働いている姿を見ていない子どもたちは、お金の価値がいまひとつわかりません。**実際に働いてみてはじめて、1000円の価値がわかると思います。1時間立ち仕事をしたり、難しいお客さんに対応したり、その価値が1000円なら、大事に使おう、計画的に貯めて有効に使おうと思うようになるはずです。

ただ、月極めでお給料をもらう場合は、高校生にとってお小遣い以上の金額になることもあります。それが浪費に結びつくことは避けねばなりません。たいして欲しいものがなければ、まとめて貯金をしておき、本当に欲しいものが出てきたときに購入するなど、使い方の指導は必要です。

銀行に口座を作る指導も、家庭の役目だと思います。お金に関する健全な価値観を持ち、成長していくいい経験になるよう、アルバイトを位置づけてほしいものです。

POINT!

働きたいと思う息子を頭ごなしに否定しない。お金をどう使うか、学業との両立をどうするかのルールづくりは大切。

6章

勇気を出す！親としての覚悟と役割をしっかりと持とう

「自分がやりたいこと」を確認し親も覚悟をもって送り出す

▼子どもが憧れだけで進路を決めていないか、厳しさを十分伝える▲

進路について話そうとしても、どうしてもかみ合わないことがあります。親は、息子にできるだけレベルの高い学校に進学してほしいと思う。あるいは、専門性を身につけられるような学校に行ってほしいと思う。しかし、息子のほうは努力しなくても入れそうな学校を選択する。

それが、本当に行きたい学校なのか、それともラクをしたいだけなのか。質問をしながらよく見極めましょう。もし、息子が受験勉強に振り回されたくないと言うのなら、ただなまけたいだけなのか、ほかにやりたいことがあるのかも、確かめましょう。

単純に受験の努力をしたくない、と言うのなら、たしなめるしかありません。

一生懸命にやらなかったことの結果は、満足のいくものにはなりにくい。**がんばらなかった結果が後悔につながることは非常に多いのだということを、しっかり伝えるべきです。**

さて、息子が「自分にはやりたいことがある」と言い出した場合は、どうしますか？ 芸能人になりたい。将来、自分の店を持ちたいから、進学せずに飲食業で働きたい。好きなことで起業したい――。親から見れば絵空事に思えます。起業など、経験もないのにうまくいくはずがない。実際、１００人がトライして一人成功するかどうか、という結果も出ています。飲食店は10年たって残っている店は1割だそうです。芸能界でのデビューの確率はもっと低く、デビューしても芸能人として食べていける人はほんの一握りです。

まずはどんな準備をしているのか、厳しい道だと知っているのかを聞いてみましょう。覚悟がないのであれば、厳しくたしなめるのが、親としての道でしょう。成功率を話して、自分がそのわずかな成功例に残れるかどうかの判断もさせるべきです。失敗例を知っているのなら、なぜ失敗したのかも分析しながら伝えましょう。

■子どもの考えた進路にやみくもに反対しない

何度話しても意志が変わらないとしたら――。親としては腹をくくるしかないかもしれません。知り合いのご家庭の話です。子どもがどうしてもカフェを開きたいのだと言い、進学しないでカフェで働きながら、経験を積むのだと言ってきかなかった。親からしてみれば、進学しない逃げのようにも思えます。さんざん話し合った末、親は子どもにこう言ったそうです。

「わかった。ならば自分の信じた道を行ってみなさい。その意志がはっきりしているのなら、がんばりなさい」

しかし、条件も出したそうです。

「今の段階では賛成していないのだから、自分の力でやってみなさい。家を出て、カフェの近くに部屋を借りて、自活しなさい。もらえる給料の中で部屋を借り、光熱費や食費を払いながら、一人の自立した人間として夢を叶えてみたらどう？　たぶん、風呂なしの安いアパートを借りるのがやっとだと思う。美味しいものもなかなか食べられない。でも、とりあえず3年がんばってみなさい。そこまでやれたら本物。そのときはあなたを尊敬するし、応援もする。自慢の息子だと、親戚にも説明する」

子どもは、腹の据わった親の対応にびっくりしたそうです。そして、時間をかけて考えた末に、「今はやはり受験勉強をがんばるときだと思い直しました」と言ってきたそうです。

子どもの考えた進路にやみくもに反対するのではない。**「覚悟もないのにできるわけがない」と子どもを批判するなら、まず親が腹を据えた対応をしてみせることです。**

特に、起業することや芸能界に入ることは、子どもが想像する以上に道は厳しい。その厳しさに目を向けずに目指せば、結局挫折につながります。親から離れ、自活してがんばる覚悟があるのか。それを試すことは必要です。そして、子どもが考えを変えたときには、何も言わず受け入れる。もちろん、それでも出ていくことを想定し、親の側が腹を据える覚悟が必要です。親が「寂しいから出ていかないで」などと懇願すれば、子どもの覚悟も弱ってしまい、家庭教育として意味をなさなくなります。

ただ、外に放り出して縁切り、というわけではないことも、わからせましょう。どんな状況になっても、親子の血はつながっています。連絡を取り、メールやLINEなどでは励ましの言葉を伝えます。

よく、芸能界に入る息子に勘当を言い渡したお父さんが、人知れず息子の記事をスクラップしている、などという話を聞きます。親のありがたみを知るいい話ですね。下積みをしているときこそ、親は成功を祈っているのだということを、子どもにはきちんと伝えましょう。

POINT!

どんな準備をしているのか、厳しい道だとわかっているのか？　それでも、その道を進むなら、陰ながら応援することをきちんと伝える。

「育児は母親まかせ」にしてはダメ。会話は少なくても父親の存在感を出す　父親について

▼目の前の父親に憧れたり批判したりすることで、子どもは成長する▲

子どもが思春期になると扱いにくくなり、子どもにまっすぐに向き合うことをやめてしまう親がいます。特に男親はその傾向があります。小さな頃は腕に抱くとかわいくて、一生懸命にお風呂の時間までに帰ってきました。しかし、思春期になると親に反発し、意外に痛いところをついてきて、子どもと付き合う楽しさを忘れてしまうのです。仕事が忙しいこともあり、帰宅時間はどんどん遅くなるばかり。子どもとは「顔を合わせる程度」になっていないでしょうか？

これではよくありません。子どもとの会話は多くなくても、父親の存在感は必要です。母親は家事と子育て、父親は外で仕事。あまりにはっきりとした役割分担があると、子どもは健全に育ちません。特に男子の場合はそうです。

女の子は、自分が大人になったときのロールモデルとして母親を見ることができます。批判ももちろんあるでしょうが、母親の姿を見本のようにして、自分なりの「大人の女性像」を構築していきます。自分と母親の共通点を感じながら物事を母親のように対処することもあれば、母親との違いを感じて、自分らしい個性を作り出すこともあります。その繰り返しの中で、大人として成長していきます。

しかし、思春期男子はどうでしょうか。父親不在では、ロールモデルがありません。のっぺらぼうでは、価値観の基準を作るのも難しく、何かを判断するときの土台も作りにくい。大人になりきれずに年齢を重ねることもあるのです。

昨今、「男の子は子どもだ、女の子のほうがしっかりしている」とよく言われますが、そうであれば、女の子のほうが当然早く成長するのは理解できるでしょう。

子どもにとって親は憧れでもあり、批判のタネでもあります。しかし、それが大切なのです。目の前の父親に憧れたり批判したりすることで、子どもは成長していきます。

■アメリカでは父親は5時に仕事を終えて家に帰る

「子どもの教育は母親に任せている」というのは、父親の逃げ口上です。父親も子どもと向き合い、家庭教育の一端を担わなければなりません。

私は、子どもが小さい頃はアメリカにいました。アメリカでは、出勤時間が早い分、夜は仕事場から5時に帰らないと周囲から白い目で見られます。7時を回ろうものなら、「家庭がうまくいっていないのではないか」と心配されるほどです。

家族で夕食を食べるのは当たり前。夜の会合があるときも、家で夕食を食べてから出かけることが多いのです。**家族の絆が結ばれ、父親の存在感も大きくなり、子どもたちの家庭観も育っていきます**。父親が忙しすぎる今の日本では、子どもたちが築きたい家庭のモデルが作りにくいのではないでしょうか。

日本の企業社会は日常的に長時間労働です。父親は家に帰る時間がどうしても遅くなります。しかし、親であることを大事にし、最低でも週に一度はなんとかやりくりして、子どもと食事をするように心がけてほしい。

子どもが家族そろっての食事を心地よいと感じるようにするのも、大事な家庭教育だと思います。

POINT!

少なくとも週に一度は、子どもと食事をするように心がける。思春期男子には、父親がロールモデルとなることが重要。

「一緒に出かける」のを拒否するようになったら、諦めて深追いしない

▼もう、母親は自分の休日を子ども中心に考えなくていい▲

母親にとって、息子は特別な存在で、ずっと目をかけて育ててきました。多くの女性は、出産後はご主人よりも息子に愛を注いできたのではないでしょうか？

なのに、「ウザイ、知らねぇ」と暴言を吐く。そして、以前は家族旅行や家族での外食に喜んで来たのに、「部活があるから行きたくない」「俺一人で留守番でいい」と言い始めます。クラスメイトや部活の仲間と出かけるのを楽しみにし、母親には目もくれなくなり、悲しい気持ちになります。

しかし、これこそが、思春期男子の成長の姿です。ほめてやらなくてはいけません。子どものために空けておいた休日も、もう空ける必要はなさそうです。週末、息子がいそいそと友達と出かけるようになったら、「たまには一緒に出かけ

よう」とか、「あなたの好きなお寿司を食べに行こう」などと深追いせず、「そう、いってらっしゃい」と、気持ちよく送り出してあげましょう。

成長した息子をいつまでも母親が追いかけると、ますます母親をきらい、避けるようになります。**サバサバと送り出す母親のほうがずっと好ましく思うのですから、もう諦めたほうがよいのです**。

ポカンと空いてしまった休日、恋人を失ったようにぼんやり過ごすとますます息子の帰りの遅さが気になりますから、母親はアクティブに過ごしましょう。ご主人を誘って映画を観る、ランチをすることも、おすすめします。

日本の夫婦は、子どもが生まれたとたんに、「お父さんとお母さん」になってしまいます。アメリカでは常に夫婦単位で行動し、子どもをベビーシッターに任せて家に置き、夫婦で出かけることも多々あります。ところが、日本の母親は、子どもに寂しい思いをさせてまで、ご主人と出かけようと思う人は少ない。

そうして、子ども中心の生活をしているうちに、いつしかご主人と二人の時間がほとんどなくなっていくのが、日本の夫婦の平均的な形です。

しかし、子どもが巣立ったら、自ずと夫婦二人になるのです。

子どもがいなくなったあと、幸せに暮らすためにも、ご主人との時間を少しずつ取り戻して楽しむようにすべきだと思います。

■子どもが離れたら、夫とともに新しいステージに向かう

女性が家族のことで悩み、相談やカウンセリングを受ける時期は、子どもが12～15歳ぐらいの頃が多いそうです。妻として母親としてずっとがんばってきたのに、子どもが思春期を迎えて母親から離れることで、喪失感を覚える。これまで子どもに集中していて考えてもみなかった自分の将来に目を向けたときに、「今後どうしていったらいいのかわからない」という不安に駆られる人も多いと聞きます。

しかし、この喪失感は、新しい自分の扉を開ける原動力にもなります。次のステージに向かって、一人の女性としていい一歩を踏み出してほしい。

そんなとき、パートナーであるご主人と一緒に歩んでいければ、少し寂しさも

紛れる。

きっとご主人もそんな妻を穏やかに受け止めるはずです。

POINT!

子どもは自分の恋人ではない。親離れしようとしているのだから、母親が自ら距離をとり、これからは夫との距離をもっと縮めよう。

子どもの前で父親の悪口は避ける。「お父さんのおかげでご飯が食べられる」

▼父親をロールモデルにするためには、尊敬できる面を表現する▲

子どもが思春期の頃は、夫は仕事が多忙、妻の目は子どもに向いていて、夫婦としてなかなかいいコミュニケーションがとれない時期です。家事や育児をすべて妻任せにする夫に対して、妻は不満がたまっています。

そのはけ口として、息子にご主人の悪口を言う人が多いようです。子どもが成長して、大人の会話にもついていける頃。

聞いてほしくなるのはわかりますが、息子には酷です。ぜひ避けてほしいと思います。

子どもの情緒は家庭の中で育っていきます。夫婦が助け合っていると感じている環境に育てば落ち着いて暮らせますが、**不仲だと、不安を感じ、中にはうつ状**

態や引きこもり、学力低下につながることもあります。出がけにご主人が言った一言にイラッときて、母親が気軽に子どもに父親の悪口を言う程度でも、子どもはまっすぐに受け止めてしまい、今後の家族関係に不安を覚えることもあります。

不平不満は押し込めて、ご主人への尊敬を口にしたいもの。

「お父さんのおかげで、私たち家族はご飯が食べられる。あなたが学校に行けるのも、お父さんが一生懸命に働いてくれるからよね」

日ごろ、ご主人に対してお金使いがあらい、将来の金銭的な計画が苦手、と思っていても、子どもに言う必要はありません。

母親は父親に感謝と尊敬を持っているのだと、言葉で示します。

子ども自身も、父親について思うことは多々あります。そこに母親のネガティブな感情が加わると、父親に対する思いが歪んでしまいます。どんな形でも、息子にとって、父親はロールモデルになったほうがいい。尊敬も反発も、自分が一人の男としてどう生きるかの指標になります。母親のフィルターがかからない子ども自身の父親観を育てるために、母親はぜひ個人的なネガティブな感情を息子にぶつけるのを避けてください。

POINT!

父親に不満があっても、ネガティブなことを息子に言わない。
夫婦仲がいいと、子どもの気持ちは安定していく。

親の小言や意見はウンザリする。「へぇ、そうなんだ」と子どもに話をさせる

▼父親の学生時代を話せば、子どもも興味を持って話し始める▲

食卓での会話は、子どもの生活を聞いて、楽しむようにしてほしいと思います。

「そんなことではダメ」

「もっとがんばらなきゃ」

など、ネガティブな言い方はできるだけ避けましょう。**親が意見を言うのではなく、息子が自分のことを話せる環境を作ってください**。息子にさりげない質問をし、答えを導く。それも、詰問調ではなく、話しやすい話題にします。今、体育でやっているスポーツのこと、部活の今度の試合のこと、学校行事のことなど。子どもが語り始めたら、

「へぇ、そうなんだ」

とおもしろがり、楽しく聞くだけでいいのです。付け加えるとすれば、親が同年代の頃の経験談や失敗談です。ただし悪ぶるのはダメです。

思い返せば、父親が思春期の頃は、ずいぶんやんちゃだった。物事の分別がつかず、親をびっくりさせた、などと語ってやります。

私自身も、開成中学・高校に通いながら、電車で出会う女の子に恋をしたり、会えた日は一日やる気が出たり、まあ、今思えば他愛のないことに心が躍る日々でした。

どの大人も、若い頃は分別がなく、目の前の快楽を我慢できなかったはず。向上心ゆえに自身をストイックにいましめるような若者など、そうたくさんいるわけではありません。「心のままにふるまい、失敗する」の連続でした。

たとえば「五分刈りが規則の部活だったけど、それがいやでね。ぎりぎりまで伸ばして、怒られるか、怒られないか、そのぎりぎりのスリルを楽しんでいた」。

こんな話をすれば、親の知らない一面を知り、距離が縮まり、子どもも自分のことを話しやすくなります。

親近感を与えた上で、子どもに今の心境を安心して語らせることができれば大成功です。このとき父親はいい意味で息子のロールモデルになれるのです。

POINT!

子どもの話は、おもしろがって聞いてあげる。
親の失敗談や笑えるエピソードで子どもとの距離も縮まる。

「家庭のこと」を理解しない父親は嫌われる。母親の気持ちもわかってあげよう 父親について

▼父親が威張っているだけでは、家族は納得しない▲

長時間労働や度重なる飲み会で、帰宅時間が遅い父親は多い。父親不在は、家族関係に影を落とします。父親はどうせ家のことがわからないのだからと、母親が父親の代わりを担い、家族の行動を決めてしまうことになります。父親はそのことすらわからず、母親の言うことにすべてイエスと答えて責任を逃れる。家族のバランスが悪いのです。それがやがて、子どもの負担になっていきます。

父親がそれなりの存在感をもって家長としての役目を果たしていると、家族はうまくいきます。2章で、「地震・雷・火事・親父」の話をしましたが、父親は誰が何と言っても一家のルールを決める人であってほしいものです。

しかし、ただ威張っているだけでは、家族が納得しないでしょう。家庭のこと

が何もわからず、とんちんかんなルールばかり言っていたら、仕方なく従うにしても、ひそかに軽蔑しているはずです。やはり、父親は家族とともに過ごす時間を重ね、家庭や子どもの近況を知った上で、家族のルールづくりを担うべきです。

母親も、「お父さんは、家庭のことにちっとも関心を持たない」とため息をつくのではなく、父親にもわかりやすく家庭や子どもの情報を流して状況を共有してください。特に、受験期は母親だけが子どもとタッグを組み、塾の選定から受験校選び、送り迎えや月謝の支払いまですべて一人で担ってしまうケースが多い。これはよくありません。

こまごまとしたことは母親が担うにしても、**なぜ息子はこの学校に行きたいのか、合格したらその学校でどう過ごしたいのかなどは、父親も理解し、**その上で応援してあげることが必須です。また、母親は、手をかけるからこそ子どもの成績に一喜一憂しがちです。父親は母親と違う立ち位置で子どもに接し、おおらかに受け止める役割を果たしましょう。同時に、母親の不安な気持ちに理解を示すことも大切です。

威厳を保ちながらもどこかやわらかく、あたたかい父親になれれば、理想的です。

POINT!

父親は母親からも情報を得て、家族の近況をしっかりとつかむ。
子どもを励まし、母親をねぎらい、おおらかに家族を受け止める。

「何歳になっても勉強はできる」親の姿を見せると、子どもも勉強に励む

▼人は何歳になっても成長し、夢を持ち、好きなことを極められる▲

子どもが母親から離れようとしている思春期。母親側から上手に距離をとるには、母親もまた、子どもと同様に新しい体験をしていくことが大切です。子育てに費やす時間が大幅に減ったら、その時間を持て余すのではなく有効に使い、**自分の好きなことをやってみてはどうでしょうか**。

かつて働いていたのなら、仕事を再開してもいいでしょう。趣味を極める、勉強をし直すなど、さまざまなことができる時間が得られたのです。今が羽ばたくチャンスです。

日本人は年齢を気にして、それを言い訳にすることが多いと感じます。「私はもう45歳だからできない」など。それって誰が決めたの？　と、聞きたくなりま

す。

教え子の中には、私よりも年上で博士号を取った学生が二人います。いつだったか、50歳を過ぎた女性が、「論文をまとめて博士号を取れる制度を利用して、博士号にチャレンジしたいのですが、遅すぎますか？」と私に尋ねてきました。私はこう答えました。

「明日から始めるのは遅すぎる。昨日はまだ時が満ちていなかった。今日から始めるのがいちばんいい。なぜなら、今日やろうと思ったから。やろうと思った日にやればいい。明日やろうというのでは遅いんだよ」

また、ハーバード大学で学生たちに教えていたときに、こんな光景を目にしました。ハーバードでは卒業生代表の答辞があるのですが、その年はかなり高齢の男性が学生代表に選ばれました。彼はテキサスで開業していたお医者さんです。自身が心臓発作を起こし、運よく命をとりとめたので、今まで自分がやってきたことをきちんとまとめたいと思い、疫学という分野を勉強するために、ハーバードに来ました。答辞で彼は、こう言いました。

「この2年間は本当に楽しかった。ただひとつ困ったことがあった。それは教授が全員自分より年下だったこと。年上は名誉教授だけでした」

もちろん、冗談で言っているわけで、ニコニコと楽しそうでした。

何か勉強を始めるのは、子どもにとってもいい影響を与えます。お母さんに「勉強しろ、勉強しろ」と言われ続けていると、子どもはうんざりしてしまいます。でも、お母さん自身が勉強をしていれば、励みになります。

家に帰り、ダイニングテーブルにノートや参考書を広げて勉強をしている母親の姿を見たら、自分も勉強をしなければいけない、という気持ちになると思います。母親の横で自然と宿題や受験勉強を始める子も多いはずです。

二人で勉強していれば、無言でも一体感が持てますし、さぼるわけにもいかないので、勉強もはかどるでしょう。

人は、何歳になっても成長し、好きなことを極めることができる。もう50歳だからとか、主婦だからとか、それはやらない言い訳に過ぎません。

私自身も、一度会社勤めをした後、水俣病の写真を見て、環境について勉強し直そうと思い、会社員をやめたことは、前に話をしました。今の職場がなくなっても、次の職を得るために売ることのできる能力、経験は何かを自問し、不足があればミッドキャリアトレーニングを重ねることが、終局的には楽しい人生になるのではないでしょうか。

人生はいつでも楽しめる。年齢など気にせず、どんどん楽しんでください。

POINT!

勉強、趣味、仕事、新しいことにどんどんチャレンジしよう。食卓で子どもと一緒に勉強をするのも楽しい。

7章

応援しよう！社会で活躍できる自立した大人になるために

「知識詰め込み型」の教育は悪くない。将来、その知識が創造力につながる

▼日本は先に膨大な知識を入れ、それを熟成させて創造力に落とし込む▲

日本人の勉強スタイルは、「知識詰め込み型」などと揶揄(やゆ)されることが多いようです。たくさんの知識を詰め込むことに注力しすぎている結果、創造力が養われないと。つまり、「知識の量より質を問え」と。しかし私は、それは違うのではないかと思っています。

人間の脳を考えると、まず知識を集積することがスタートです。最初は得た知識が少なく、経験も少ないので、応用ができません。ただ本能のままに吸収し、鵜呑みにします。少しするときちんと理解できるようになる。それでどんどん知識を入れていくと、もう覚えきれなくなって、自分の知識と知識を連携させようとするのです。

連携を可能にするには、自分の言葉でその事柄を説明することです。**自分の言葉で語れると、知識が定着していきます。頭の中でしっかりと整理がつくようになるのです。**

やがて、知識は自分の中に正確に取り込まれ、熟成し、さまざまな熟成した知識が融合します。こうなってはじめて「創造」になると、私は考えています。

ですから、あまり深く考えず、まずは知識をどんどん吸収してほしい。そして、時間の経過によって知識が化学変化を起こすのを期待するのです。最初に知識の絶対量が多くないと創造まで行きつきません。

よく、気軽に「創造力」という言葉を使いますが、さまざまなものがすでに発明・発見された今の時代、まったく何もないところから、ヒョイと何かを創造することなどないと思ったほうがいいでしょう。一から新しさを求めるより、既存の二つの知識の間に説明しきれなかった理論や新しいアイデアがある、ということに気付くべきです。隙間にこそ創造があるのです。

詰め込むことに躊躇せず、どんどん詰め込み教育をしたらいいと思っています。その知識を熟成させる子どもの手腕を楽しみにしてください。

アメリカ式は徹底的に論理立てを学ぶ

私はアメリカでも教育に関わってきたので、日米の教育の違いについては、肌で感じています。日本の子どもは高校までの間に相当な知識を身につけている。その知識量は、おそらく世界一だろうと思います。アメリカの高校生は知識が身についていません。大学に入ってから微分・積分を学ぶ場合もあります。その差には驚きます。

そうした基礎的な知識、学問を大学に入ってから着手するので、テキストが分厚くて問題がたくさんある。それぞれにレポートを出させ、毎日先生の助手が点数をつける。まさに日本の中学校、高校でやるような知識の授業を大学生になってから短期間でやるわけです。

ただ、論理の構成法は日本よりはるかにきちんと学びます。小学生の頃から、テーマについて自分で掘り下げ、模造紙1枚に絵を描いて、その絵を使いながら、クラスでプレゼンテーションをします。

テーマが決まると学校や地域の図書館に行き、テーマを学べるような本を2、3冊選びます。それを先生が使用にふさわしいかどうかチェックし、アドバイスを添えて戻す。生徒はその本を読み、内容を小さなカードに1項目ずつメモを書いていきます。次にそれらのメモを関連するグループに分類するのです。そして、いくつかのグループに分けて、それぞれのグループにタイトルをつける。ヘディングというのですが、実はこのヘディングの集まりが自分のレポートの目次になるわけです。

目次ができて全体像が構成できたら、グループワークもします。周囲の仲間と、テーマについて話すのです。そして微調整を加え、また先生のところに持っていき、承諾されれば、目次に沿ってレポートを書き始めます。

つまり、ひとつのレポートの骨格の作り方からエンディングまで、小学生でも一人でこなすのです。個別の知識（カード作り）を分類（グループ分け）し、抽象化（ヘディングをつける）してから統合（目次の作成）する。これを、小学生から大学生までずっとやり続けるのが、アメリカの教育です。

たしかに、論理の構築という面ではすばらしい。しかし、これに時間をかけるから、知識の量が減って偏る。大学の先生は、学生が広範な知識を持っているとは思っていないので、知識部分を最初から教えるわけです。しかし、論理の構成法にかけては長けているため、大学生になってから入れた知識でも、ちゃんと自分の力で頭の中に整理できる。

一方、日本は先に膨大な知識を入れ、それを熟成させて創造力や論理に落とし込む。ちょうど反対の経路をたどるわけです。

■アメリカ式だと暗算や割り算が困難な人も

アメリカ式の教え方は、確かにすばらしい。大人になったときに、ビジネスにも大いに生かせます。ただ、この教え方は、子どもが優秀でないと身につかない。知的な部分で統合ができない子がたくさんいます。

その点、日本の高校までの教育のほうが、多くの子どもに平均的な結果をもた

らすと思います。

日本は、小学校2年生の頃に九九を教えます。これを徹底的に覚えたら、次に割り算をやる。割り算は、九九がしっかり習得できていれば、機械的にできてしまう。ところが、アメリカでは九九を覚えないから割り算ができない。すると、延々と掛け算をして、答え合わせをしていくことになる。計算という上では非常に効率が悪いわけです。

よく、アメリカのレジでお金を払うとき、買ったものの合計金額におつりを足していって、お客が出したお金に合わせていきますね。日本人にはとても違和感があります。16ドル25セントで20ドル出すと、おつりは3ドル75セントに決まっているとすぐに暗算できる。

しかし、アメリカ人のレジの人はそれができないので、16ドル25セントに75セントを足して17ドルにし、あと1ドルずつ、20ドルになるまで足していきます。

大きな数字になったら、ますますできません。日本人なら2桁の割り算のあとに3桁のやり方を教わって、そのやり方の応用で4桁もすぐできる。けれど、アメリカではそうした計算方法を教えない。実は、割り算ができないアメリカ人はかなりたくさんいます。一般的なアメリカ人が自信を持って暗算できるのは、足し算だけかもしれません。

■日本式教育の利点は格差が生まれにくいこと

もちろん、アメリカにも立派な数学者はいます。そういう人たちは、アバウトな計算方法から数学的な考え方を導き出せます。しかし、多くの子どもたちはそうならない。論理の構成力を学ばせ、それが創造力の育成に役立つと信じているがゆえに、知識を教え込む時間を削ってしまう。となると、格差が生まれてしまいます。

日本式の教育のいいところは、そうした格差が少ないことです。底辺が底上げされています。それはとてもいい。しかし、知識の詰め込みをしているときに、もう知識が入ってしまっている子にとっては退屈になる。上を抑え込んで、下を保つことになります。結果、日本人は、平準化した知識しか持てなくなる。ずば抜けた力を持っている子を育てにくいのは、今の日本の教育の欠点かもしれません。

POINT!

知識を最初に詰め込み平準化を図る日本式と、論理をじっくり学ぶアメリカ式。それぞれの良さがあるが、日本式は格差が生まれにくい反面、突出した子を育てにくい面がある。

「難関校を目指して一浪」は貴重な経験。挫折を味わうことは成長の第一歩

▼順風満帆で進学するより、人間的に深みが増すはず▲

大学受験は失敗しないほうがいいに決まっています。志望校を目指して勉強し、合格して春から通うのが理想です。でもうまくいかないケースは多いものです。

ここ数年、一般入試に占める現役生と浪人生の割合は8対2くらいで安定しています。大学進学率は5割ぐらいで、とても高いですが、少子化で大学に入りやすくなり、それが「現役生8割」の要因になっているのでしょう。しかし、難関校を目指し、浪人することは、非常にいい経験になると思います。難関校を目指すような学生は、ある程度勉強にプライドを持ち「努力すればうまくいく」という図式の中で生きてきたと思います。それが、大学受験で失敗すると、ほぼ生ま

れてはじめての挫折ということになります。

挫折を味わうことは、成長の一歩です。自分に対する他者の評価と自己評価が大きく乖離していると、社会生活を進めるうえでいろいろな齟齬が生じます。自分の力のなさを実感し、反省してもう一度歩き始めることができるのなら、順風満帆で大学に入るより、人間的に深みが増すはずです。**必死で勉強をすれば、翌年合格したときには学力も増し、大学での学業もより広く深くなっていくでしょう**。ただし、浪人して目標を失い、勉強へのモチベーションが下がってまた浪人してしまうケースもあります。子どもがモチベーションを保って浪人生活を送れるのかどうか、自分を戒められるかどうか、よく話し合ってください。二浪以上になるのはすすめられません。特に医学部などは、三浪、四浪のケースもありますが、ひっ迫感なく勉強することは、かえって人間形成の面でもマイナスです。

現役で絶対に合格するぞ、と決めるのもまた、よいものです。できるだけ受験にお金をかけず、親の負担を軽くすることができれば、それに越したことはありません。最小限の費用で入学できたら、親も子どもにさらに豊かな勉強の場を確保してあげてもいいのではないでしょうか。留学やダブルスクールなど、本人の「勉強したい気持ち」をサポートすることにお金を使うのもいいかもしれません。

POINT!

目標に向かってひたすら勉強し続ける浪人は、いい経験に。ただし、ダラダラと浪人するとかえって人間形成の面でマイナスになる。

高校を卒業したら「一人暮らし」をさせよう。親の存在を実感し、生活力も養える

▼「わが家」というラストリゾートが心の支えになる▲

私は高校の卒業生に、卒業したら家を出て一人暮らしをすることを推奨しています。日本の子どもは、お金にうとくて、授業料を親に払ってもらっている、という実感もあまりない子が多いようです。親もお金のことを言いたがりません。すると、いくら「お父さんやお母さんのおかげでご飯が食べられる」と言っても、今ひとつピンとこないのです。

いつまでも親のお金を使い、親の庇護のもとにいると、自立は遠い。思春期は、親と離れたいという欲求が高まる時期。本当の意味で成長を望むなら、その思春期が終わる18歳以後、一人暮らしをして、親から独立すべきだと思います。アメリカの大学生などは寮に入り、親元から離れるのが普通です。大学生なら家

事も少しはできるでしょうし、時間的にも自由になるので、生活の中のさまざまなことを自分でやるチャンスです。

一人暮らしをすれば、いかにこれまで家族に支えられていたかわかるでしょう。脱ぎっぱなしの服はいつもきれいに洗濯され、「ただいま」と帰ってくればあたたかい食事が用意されている。一人暮らしをすれば、何でも自分でやらなくてはなりません。洗濯物を洗って干してタンスにしまう、という単純作業も、毎日のことなので負担に感じることはあるでしょう。トイレ掃除も必要です。食事も、お金は潤沢にはないので、節約しながらなんとか毎月やっていかなければいけない。生活力がついて、大人になります。

貧しい暮らしを経験するのはいいものです。その後、自分で働くようになると、もう少し余裕が出てきます。そのときに、「前より裕福になった」という感覚を持てるのは幸せなことです。自宅にずっといて、就職とともに一人暮らしをすると、家の居心地がよかったから、とても辛く感じられます。光熱費やティッシュペーパー、洗剤など、こまごまとしたものに意外にお金がかかることもわかるでしょう。

母親は寂しいと思うでしょうね。これまで、心血を注いで世話をしてきた対象がいなくなるのですから。しかし、かわいいからこそ、本当の意味で成長させましょう。離れたからといって、母親がいなくなってせいせいしたと思うわけではないのです。むしろ、母親の食事が恋しくなると思います。なんといっても、母親の作るご飯で育ち、おいしいと思って育ってきたわけですから。

しかし、いつまでも母親のご飯を食べていたら彼女もできません。結婚もできません。子どもはかわいいけれど、結婚してほしいと思うのもまた母親です。そのときに背後霊みたいに母親の存在が大きかったら……。ご自分が結婚する相手がそうであったら、いやだと思ったはずです。いつまでも家にいると結婚の時期を逃して、親の年金で子どもが暮らすようになってしまうかもしれません。子どもが40歳、母親が70歳で、子どものパンツを洗う実態は、どうなのでしょうか。どこかで切り替えなければいけないのです。それが、18歳という節目なのではないか、と思います。

でも、安心してください。**家を出ても、いや、家を出たからこそ、息子は母親をかけがえのない存在だと思うでしょう。**小さいときから自立するように育てられるアメリカの男性は大人になったあと、日本の男性より母親を慕い大切にする「マザコン」の傾向が強いと感じています。季節の節目、そしてちょっと辛くなったときにふらりと帰ってくると思います。ラストリゾートは、家です。心の支えになるのは生まれ育った家なのだと、しみじみ思えるように育てられればいいですね。

POINT!

親の庇護のもとにいつまでも暮らすことは、成長を遅らせる。自分一人で精一杯がんばることで、本当の生活力がつく。

「有名・大手志向」は子どもが伸びない。オタクもマイノリティもすばらしい

▼「ランキング」で物事を考えず、子どもの物差しで選択する▲

学校を選ぶときに、名前の知られたところを選ぼうとする親は多いと思います。伝統のある学校は積み重ねてきた歴史の中ですばらしい校風を持ち、教育理念が確立している。ですから、当然かもしれません。しかし、考え抜かれた理念を持ちながら、まだ歴史の浅い学校を「聞いたことがないから」の一言で選択肢からはずしてしまう人もいます。名前の知られた学校を選ぶのはラクです。みんな知っているから、余計な説明がいりません。開成もそうかもしれません。開成です、麻布です、東大です、と言えば、みんなわかってくれる。

「みんなが知っている」「多くの人が好ましいと思っている」ものを選ぶこと。それは、「ランキングで選んでいる」ということになります。大多数の人が「い

い」というものをいつも選んでいれば、間違いないような気がします。

特に、就活では、それが顕著に表れます。上場企業で、みんなが社名を知っているようなところに、入社希望が集中します。テレビでコマーシャルをたくさん流している食品メーカーには、若干名の募集に驚くほど多くの学生が応募してきます。そういう企業なら安定しているという思いもあるのでしょう。

ところが、優良企業なのに、企業間でしか取引していない、消費者向けにコマーシャルをしていない会社には、優秀な学生がなかなかきません。社歴の浅い新しい会社についても、同様です。そこで、高い料金を払ってコマーシャルを流し、学生の目を引こうとする企業もあるそうです。しかし、こうした選び方は推奨しません。

今は、どんな「名前の知られた企業」でも、倒産や統合はいつあってもおかしくありません。「安定した企業」に注目して就活するのはナンセンスです。

■オタクは好きなことをとことん突き詰める専門家

自分のやりたいことを突き詰めず、ランキングで物事を決めるようなことを、子どもに押し付けてはなりません。それは「個性を磨く」ことの反対を要求していることにもなります。

これからの日本経済は、そう明るくありません。「安定した企業」に定年まで勤められる人が、どれだけいるでしょうか。我慢し勤め上げることが、最良の方法ではありません。日本経済が傾いたら、海外で活躍しよう。そんなふうに思える人が増えないと、日本は本当に危ういし、働いている人たちにも決して望ましい効果を生みません。

どんなフィールドでも活躍しようと思ったら、専門性が必要です。3章でジェネラリストよりスペシャリストになるべき、と述べましたが、**まさにスペシャリストになるためには、個性がありその個性を高められる熱意が必要です。**

オタクをバカにする人もいますが、オタクとは、好きなことをとことん突き詰める人のことを言います。そう考えると、オタクは今後、有望な人だと言えます。

ランキングに興味がない少数派であるマイノリティもまたしかり。自分の好きなものを見つけ、自分の物差しで物事を判断する子どもになるよう、導いてあげてください。

オタクというと、周囲の人とうまく人間関係を構築できない人というネガティブな面だけが強く意識されがちですが、好きなことを突き詰めることによって個性を顕在化させ、新しいことにチャレンジするポジティブな面を強く意識してください。

POINT!

大手志向、ランキング志向、大多数派に呑み込まれず、個性を重視したスペシャリストこそが、これからの社会での安定した生き方。

「人に迷惑をかけない」と教えるより「稼いで税金を納められる大人になれ」

▼一人前の大人になるということは、きちんと税金を払えること▲

日本人は昔から、「人に迷惑をかけない人間になりなさい」と言います。悪い人にならないように、ということです。アメリカでは言い方がポジティブで、「社会に貢献できる人に」「役に立つ人に」という言い方が多いようです。お国柄かもしれません。しかし、どちらも抽象的すぎて、子どもにはピンとこないのではないでしょうか？ そもそも生きているだけで人にはある程度迷惑をかけているわけです。お互いに迷惑をかけ、補い合うことがコミュニケーションであり、社会の在り方です。

また、社会に貢献できる、というのも、どうすれば貢献できるのか、形が見えません。自分では貢献していると思っていても、実は迷惑なこともあるかもしれません。これでは何を目指したらいいのかわからず、なんとなく聞き過ごしてしまうでしょう。具体的にわかりやすく「社会に貢献できる」「迷惑をかけない」と言うなら、「税金を払う」ことではないでしょうか。自分の稼いだお金の一部を国に納め、そのお金は国によってみんなのために使われます。**つまり、所得税を払えるくらいの稼ぎがあることが、生きることの基本です**。非常に即物的ですが、わかりやすさで言えば、これがいちばんだと思います。

もちろん、障害がある、病気があるなど、事情によって税金が払えない人もいます。そういう人も自分のペースで精一杯生きていけばいい。「精一杯生きる」ことを共通項にして、障害を持つ人も持たない人もともに生きていける社会を作ることが重要です。今、健常な人も、事故にあったり、病気になったり、年齢を重ねて退職したりして、所得税を払うことができなくなることがあります。皆が豊かに生きるためにも、健康に働ける人は、所得税を払っていくべきです。好きなことを仕事にするのは働くときの基本の考えですが、好きならお金を稼がなくてもいい、というわけにはいきません。自分が暮らせる分ぐらいは最低限稼ぎ、家族が暮らせる分を稼げるようになったら、一人前の大人になれる。
親はそれを子どもに言い聞かせ、きちんと働ける人間にしてあげましょう。

POINT!

社会に貢献し、迷惑をかけない、すなわち税金を納めること。
その税金で世の中を豊かにできれば人の役に立てる。

学校も職業も、親が選択するのは間違い。子どもの「選択する力」を育てる

▼選択を間違えても、引き返したり方向転換したりしていい▲

中学受験のとき、学校を選んでいるのは誰でしょうか？　小学生には自分で学校を選ぶ力はなく、ほとんどの場合、塾の先生などと相談して、偏差値に合い、親の好みや家庭環境に合うような学校を選んでいるのではないでしょうか。

もちろん、小学生には学校選びの情報はありませんし、何を基準にして選んだらいいのかわかりません。しかし、学校を訪れたときの雰囲気や環境などを見て、子どもが肌で感じる「ここがいい！」という感情はあるはずです。**それを無視して親が決めてしまうのは、やめてほしい**。その後6年間（ないし3年間）をそこで過ごすのは子どもです。いくつか候補を挙げたら必ず子どもとゆっくりそれらの学校を見学し、最後は自分で選ばせましょう。

第一志望の学校に落ちてしまったときに、どの学校に行くのかも、子どもに最初から選択させておくべきでしょう。そして、第二志望の学校にも十分に納得しておくことが重要です。

高校受験となれば、自分で選択できる余地は大きくなり、大学受験なら、学科選びから何校受けるかの受験スケジュールも、自分で立てるべきです。

人生の大事な節目を迎える選択は、つい親が「子どもには経験がないからわからない」と、大きく乗り出してしまいますが、親の意向が強すぎると、子どもは反対できません。お金も時間もかけてくれているとなると、自分の意見を言えなくなるのです。親は、何も言わなかったとしても、子どもに「お金を無駄にしてはいけない」というプレッシャーをかけている。そのことを十分に頭に置いて、子どもの意向に耳を傾けるようにしましょう。

また、「手に職をつけたほうがいいから資格を取れ」と言いすぎるのもどうでしょうか。その資格を取って、その職業に就いてやり続けるのは子どもです。取りたい資格、やり続けたい仕事でなければ、当然ながら続きません。学校や学科選びも、「資格を取るためにはここがいい」と親の意向を伝えると、子どもはいやと言えずに従うことが多いと思います。従ってみて、やる気がせず、苦しくなるのは、入学後の子どもです。

もちろん、選択するときには、お金を出す親の意見は言うべきで、選択のフォローも必要でしょう。しかし、子どもの「選択する力」を育てることも忘れないでください。人生に選択はつきもの。選択の練習をすることはとても大事です。

道を変えるときは、最初の選択を次につなげて積み重ねる

ただ、若いうちは、よく考えて選択しても、いざやってみると興味がわかず、挫折することがあります。一生懸命に取り組んでいるのに、気持ちがついていかず、苦しんでいるときは、少し立ち止まらせましょう。

「あなたが決めたんだから、最後までやらなきゃダメ」は、本人がいちばんよくわかっています。努力している、けれどどうにもつらいようであれば、「どうしても自分に合わないと思ったら、引き返してもいいよ」と声をかけてあげましょ

う。

若いのだから、一度決めたことを翻しても、挽回はききます。ほかにやるべきことがあると感じているようなら、父親も含めて、よく話を聞いてあげましょう。このときも、2章で述べたように、質問をしながら、「親1：子ども2」の割合になるような会話量で話します。

話を聞けば、子どもの意思や取り組み方などもわかります。「もっときちんと取り組まないとダメだ」とわかるときは、本人の口からそう言わせて、決めたことを継続することも考えるべきでしょう。

ほかにやりたいことがあり、それが自分の進むべき道だと思っているようなときは、再チャレンジさせてあげるのもまた、親の務めです。

そのときに、子どもにアドバイスしてあげたいことがあります。それは、最初に決めたことをゼロにして、別のことを始めるのではなく、最初のことを次のことに少しでもつなげて積み重ねる方法を取ることです。

たとえば、食に関心があり、栄養士の資格が取れる学校に入学した。けれど、自分がやりたいことは栄養士ではなかった。食品添加物を少なくする加工品を開発したり、調理時間を短くして鮮度を保つ方法を学んで社会に生かしたい。食品化学の研究を専門的にしたほうがよかった……。

それなら、「食品化学を専門に勉強する」とスイッチしてもいいじゃないですか。ただ、せっかく学んでいる栄養学はしっかり身につけましょう。将来、栄養学にも長けた食品化学研究開発者になれたら、その分野だけを学んだ研究開発者よりもずっと専門性に厚みがあります。

自分が学んだことを自分らしく積み重ね、つなげるその先に、誰にもまねできないその子らしい未来があると、子どもに教えてあげてください。

POINT!

選択した結果を引き受け、続けていくのは子ども自身。
自分で選択することの大切さを教え、明るい将来を描かせてあげる。

「苦労をさせたくない」ために親のコネを使うと、子どもは成長しない

▼困難を自分で工夫しながら克服するところに、本人の成長がある▲

子どもが困っているときに、どう手を差し伸べるのかは、その加減が難しいものです。突き放しすぎれば路頭に迷います。けれど、何もかもお膳立てしてやると、人生の厳しさがわかりません。それは結局、子どもにとっていい結果にならないでしょう。

何かのときにコネクションを使う親は多いと思いますが、どうでしょうか。親のつながりを使って子どもを優遇する。それは、何歳になっても親の息がかかっているわけで、自立したとは言えません。まして、親は先に死んでしまうのです。親が死んだ後に、親の庇護がなくなって、うまく生きていけなくなるようなことをしてはいけません。それは、家庭教育として間違っています。

コネクションがなく、自力だけで困難を突破することが大変なときもあります。**でもその困難を自分で工夫しながら克服するところに、本人の成長があります。**

達成感があり、自信もつきます。でも、コネを使ってその苦労を端折ることで、その後の人生の生き方がわからなくなる。

たとえば、芸能人の「七光」。子どもが親と同じ職業に就く、親の顔でいい役をもらえる。それがただのきっかけであれば、問題ないのかもしれません。演技を認められて、親とは関係なく役者として一流になれればいい。

しかし、いつまでも実力が伴わないのなら、周囲の目が厳しくなる。「あいつはコネを使ってのし上がったけれど、演技がヘタでどうしようもない」。結局、努力して実力をつけないことには、話にならないのです。

子どもに苦労をさせたくない、というのは愛情でしょうか。適度に苦労を与え、困難を乗り越えさせることが、親の愛情だと思えます。最高の状態でスタートを切れば、だんだんトーンダウンすることは多い。最初に何もなければアップしていくだけです。
失敗はチャンス。親はその失敗を見守る勇気と包容力をつけましょう。

POINT!

適度に苦労を与え、困難を乗り越えさせることが親の愛情。コネに頼らず、自分の努力でどんどん上がっていけるように。

夢を持つ子どもに「できるわけない」と言わないで！ 親の力で才能を引き出そう

▼親の役目は、夢を現実につなげる考え方を子どもに教えること▲

小さな頃、子どもたちには、「サッカー選手になりたい」「宇宙飛行士になりたい」など、たくさんの夢がありました。しかし、そうした夢は、「なれるわけないでしょう。現実的に考えなさい」という大人の言葉に打ち砕かれてきました。夢は現実につなげられないのでしょうか？　そんなことはないはずです。

確かに、Jリーグのサッカー選手にはなれないかもしれません。しかし、「サッカーで身を立てたい」という夢なら、叶えられるのです。もう少し思考をやわらかくして、職業に結びつけてはどうでしょうか。サッカーが好きなら、サッカーに関連する職業を選べばいい。たとえば、経営学を学んで、サッカーチームの経営スタッフになる。コミュニケーション論を勉強して、サッカーチームの広報担当になるのもいい。医者になっても、サッカーチームに貢献できる。スポーツドクターになって、選手の健康をサポートする方法だってあるのです。三浦知良選手のような、長くプレイが続けられる選手を支える役目をしてもいい。教育学を勉強して、サッカー教育をやってもいいし、工学を勉強して、サッカーボールとITを結びつける新しい事業を興してもいい。

自分の得意なこと、好きなことをサッカーに結びつけて、職業にすることは、努力すれば可能です。

アニメが大好きな子どもを、「アニメオタク」などとネガティブに言うのはやめましょう。いまや日本のアニメは世界中の注目の的です。アニメそのものを勉強して世界に広めるサポートをする。アニメ音楽を作る。出版社に就職するのもいい。

大好きなことを職業にしたら、高い専門性と熱意を持って続けていけるのです。一般的な社会の尺度なんて、どうでもいい。子どもが好きなことを大事にし、子どもがやりたいことを引っ張り出してやる。それが親の力です。子どもの中に潜んでいる素質を引き出してあげる。親にしかできないそのことを、存分に子どもにプレゼントしてあげてください。

POINT!

一般的な社会の尺度で判断しない。子どもの才能はまだ未知数なのだから、親はいつも子どもの夢のサポーターでいる。

著者紹介
柳沢幸雄（やなぎさわ　ゆきお）
1947年生まれ。東京大学名誉教授。北鎌倉女子学園学園長、前・開成中学校・高等学校校長。開成高等学校、東京大学工学部化学工学科卒業。71年システムエンジニアとして日本ユニバック（現・日本ユニシス）に入社。74年退社後、東京大学大学院工学系研究科化学工学専攻修士・博士課程修了。ハーバード大学公衆衛生大学院准教授、併任教授（在任中ベストティーチャーに数回選ばれる）、東京大学大学院新領域創成科学研究科教授を経て、2011年から開成中学校・高等学校校長を９年間務めた後、2020年４月より現職。シックハウス症候群、化学物質過敏症研究の世界的第一人者。
主な著書に『東大とハーバード 世界を変える「20代」の育て方』（大和書房）、『なぜ、中高一貫校で子どもは伸びるのか』（祥伝社新書）、『18歳の君へ贈る言葉』（講談社＋α新書）、『男の子を伸ばす母親が10歳までにしていること』（朝日新聞出版）、『子どもに勉強は教えるな』（中央公論新社）、『男の子の「自己肯定感」を高める育て方』（実務教育出版）などがある。

編集協力：三輪 泉

本書は、2017年５月に秀和システムより刊行された作品に、加筆・修正をしたものです。
本文の内容・事実関係などは、単行本時のままとしています。

ＰＨＰ文庫　母親が知らないとヤバイ「男の子」の育て方

2020年６月18日　第１版第１刷
2022年４月６日　第１版第５刷

著　者　柳　沢　幸　雄
発行者　永　田　貴　之
発行所　株式会社ＰＨＰ研究所
東京本部　〒135-8137　江東区豊洲5-6-52
ＰＨＰ文庫出版部　☎03-3520-9617（編集）
普及部　☎03-3520-9630（販売）
京都本部　〒601-8411　京都市南区西九条北ノ内町11

PHP INTERFACE　https://www.php.co.jp/

編集協力
組　版　株式会社PHPエディターズ・グループ

印刷所
製本所　図書印刷株式会社

 ISBN978-4-569-90028-5